편지 2페이지

이 책과 함께 하는
당신에게, 주 성령님의
은혜가 충만하시기를
기도합니다.

　　치유하는 교회
　　김명환 드림

세세 무궁토록 영광 받으실

삼위일체 되시는 성부 성자 성령 하나님께

이 신앙 에세이집을 올려드립니다!

영생하도록 솟아나는 샘물이 되리라

김 명 환 지음

여는 글

보혜사 은혜의 샘물, 성령님을 사모하며

 수가성에 있는 우물가의 여인이 생각났습니다. 그리고 그 옆에 계신 예수 그리스도! 그 주님께서 하신 말씀이 제 심령의 밭에 뿌려졌습니다. "예수께서 대답하여 이르시되 이 물을 마시는 자마다 다시 목마르려니와, 내가 주는 물을 마시는 자는 영원히 목마르지 아니하리니 내가 주는 물은 그 속에서 영생하도록 솟아나는 샘물이 되리라"(요 4 : 13-14)
 저는 이 성경의 말씀을 묵상하면서, 저의 살아온 지난 날들을 헤아려 보았습니다. 그 여인의 모습 속에서 제 자신을 발견했습니다.

모태 신앙으로 자라 오늘에 이르기까지, 허울 좋은 외식의 삶, 타인에게 인정과 칭찬 받는 것으로 만족하려 했지요. 그러나 말씀의 거울과 기도의 호흡 운동을 반복하는 과정에서, 저의 잘못된 습관의 삶을 경험할 수 있었습니다.
세상의 욕망과 부귀 영화를 온전히 버리지 못하는 자, 물과 성령으로 거듭나지 아니한 자는, 하나님의 나라에 들어갈 수 없다는 진리의 말씀이 제 영혼을 강타했습니다. 주님께서 재림하실 때가 임박한 이 말세 지말의 때에, 제 자신이 죄악을 이길 방법을 찾게 되었습니다. 역시 가장 급선무의 실천 사항이 성령님과 동행하는 성령 충만의 생활인 것을 절감했습니다. 어느날 저는 골방에 엎드려 하나님 아버지의 이름을 부르며 간절히기도로 아뢰었습니다. 제 눈물의 진심을 아시는 보혜사 성령님은 제 안의 내면으로 잔잔히 속삭여 주셨습니다. "명환아! 나는 문서선교의 일인자로, 중보적 기도의 일인자로 써 달라고 늘 내게 구하지 않았느냐. 그런데 때때로 나의 뜻 보다 네 뜻대로 작정하고 행동할 때가 있음을 왜 깨닫지 못하는지. 이젠 나와 교제하자. 내가 네게 글 쓰는 재능을 주었어, 성령으로 난 사람이 되어, 나와 대화하는 서신의 글을 쓰지 않겠느냐?" 저는 놀랐습니다. 생각으로 질문해 주시는 성령님의 세미한 음성에 "예. 성령님, 순종하겠습니다!"로 고백했지요. 바로 2년 전 3월부터 지난 2월까지, 저는 이 책의 원고를 친필로 101편의 사계절 이야기로 작성하였습니다.

예수님을 만난 이후에 변화된 사마리아 여인이 복음 전도의 주인공이 된 것 처럼, 저 역시도 사람의 병든 영혼을 문서로서 치유하고 살리는, 한 알의 밀알로 녹아지기를 소원합니다. 오직 성령님 보다 앞서지 않겠다는 일념으로, 저의 약력이나 추천의 글, 사람의 이름까지도 생략하였음을 밝혀 드립니다. 겸손히 낮아져서 삼위일체 되시는 성령 하나님께만 영광 돌려지기를 소망합니다. 제 작은 취미로서의 그림도 약식으로 그려 넣었습니다. 제 부족한 모습의 글이지만, 10년 째 섬기는 '치유하는 교회'의 위임 목사님과 목회자님, 친지들, 성도님들의 기도와 사랑으로 제가 여기까지 살아왔음을 감사드립니다. 늘 든든한 후원자인 두 자녀에게 고마움을 표하며, 코람데오 출판사의 임대훈님께 감사를 드립니다.

2018년 5월에

성령님의 위로자 김명환

차 례

1장 봄 (3·4·5)

001 주 예수 그리스도의 십자가 외에
002 보혜사 성령님
003 약속하신 것을 보내리니
004 담대하라
005 소금으로 맛을 냄과 같이
006 성령의 선물
007 여호와의 계명을 즐거워하는 자
008 내가 네게 응답하겠고
009 나는 네 하나님이 됨이라
010 주 예수를 믿으라
011 그의 절림과 상하심으로
012 모든 쓸 것을 채우시리라
013 지면에는 꽃이 피고
014 네 구제함을 은밀하게 하라

015　마음을 낮추는 것
016　풀은 마르고 꽃은 떨어지되
017　만물의 마지막이 가까이 왔으니
018　하나님의 은혜로 된 것
019　주는 나의 하나님
020　참는 자의 아름다움
021　날마다 제 십자가를 지고
022　네 참이 달리로다
023　보물을 하늘에 쌓아두라
024　우리의 연약함을 도우시는 성령님
025　나의 사랑하는 자들아
026　빈나가 심히 괴롭게 할 때
027　나는 세상의 빛
028　주 안에서 항상 기뻐하라
029　덕을 세우는 선한 말을 하라
030　여호와의 기업과 상급

2장 여름(6·7·8)

- 031 그리스도의 향기
- 032 생명으로 인도하는 문
- 033 목마른 자에게 물을
- 034 내가 약한 그 때에
- 035 성령의 충만함을 받고
- 036 주께 범죄하지 아니하려 하여
- 037 마음의 즐거움
- 038 성실한 마음의 보고자
- 039 죽고 사는 것
- 040 손을 내밀어 대시며
- 041 머리털은 괼괼 하고
- 042 나는 선한 목자라
- 043 마음을 시원하게 하였으니
- 044 주님께서 아시나이다

045 항아리에 물을 채우라
046 하나님의 형상대로 창조하시고
047 해방의 자유함
048 쉴 만한 물가로
049 경기하는 자가 받을 승리의 관
050 넘치도록 안겨 주리라
051 하나님의 자녀가 되는 권세
052 에덴의 동산
053 물 가에 심어진 나무
054 네 마음의 소원을 이루리로다

3장 가을 (9·10·11)

055 하나님의 선물
056 너희를 위해 싸우시리니
057 장막 칠 곳을 찾으시고

058	여호와께 감사하라
059	그리스도 안에서 한 몸이 되어
060	나는 알파와 오메가요
061	의인의 열매
062	너희의 먹을 거리가 되리라
063	네 긍휼이 되시나니
064	너희 믿음대로 되라
065	복음 증언의 사명자
066	하나님께 받는 위로
067	영생하도록 솟아나는 샘물이 되리라
068	내 생명의 능력이신 나의 하나님
069	하나님은 우리의 피난처시요
070	성령을 받으라!
071	평안을 너희에게 끼치노니
072	무너지지 아니하는 집
073	귀히 쓰는 그릇이 되어

074   내 길에 빛이니이다
075   내 마음과 영, 육체가 안전히 살리니
076   지킬 때와 버릴 때
077   주는 그리스도시요
078   복 있는 사람

4장 겨 울 (12·1·2)

079   내 말이 너희 안에 거하면
080   범사에 감사하라
081   마음으로부터 용서하지 아니하면
082   나의 힘이 되신 여호와여
083   여호와 이레
084   우리도 서로 사랑하는 것이
085   하나님 구주예수 그리스도의 영광이
086   먼저 그의 나라와 의를 구하라

087 　　스스로 속이지 말라
088 　　말에 실수가 없는 자
089 　　생기를 불어 넣으시니
090 　　여호와의 집에 영원히
091 　　내가 하나님을 대신하리이까
092 　　너의 행사를 여호와께 맡기라
093 　　네 영혼이 잘 됨 같이
094 　　주 힘의 능력으로 강건하여지고
095 　　그리스도의 몸
096 　　해 아래에서의 수고
097 　　하나님의 나라
098 　　선한 길로 가라
099 　　우리는 무익한 종이라
100 　　주께서 높은 보좌에
101 　　내가 속히 오리니

1장

봄(3·4·5)

울며 씨를 뿌리러 나가는 자는
반드시 기쁨으로
그 곡식 단을
가지고
돌아
오리로다
―(시 126:6)―

(예)주 예수 그리스도의 십자가 외에

그러나 내게는 우리 주 예수 그리스도의
십자가 외에 결코 자랑할 것이 없으니
(갈6:14)

흑인영가였던 찬송가 147장인 '거기 너 있었는가'(마 27:35)의 가사를 음미하며, 성 금요일 밤의 말씀과 성만찬 예식에 참예한 은혜의 밤, 눈물의 밤이었음을 성령님께 감사로 아룁니다. 예수님의 살을 상징하는 빵과 예수님의 피를 상징하는 포도주 잔을 먹고 마셨습니다. 제 대신 십자가의 처형을 담보로 돌아가셔야 했던 주 예수님! 찬양대 좌석에 서서 '십자가'의 성가를 부르는 제 온 몸과 영혼은 어찌할 바를 모르는 아픔과 감사가 교차되는 시간이었습니다.

갈릴리에서부터 따라온 막달라 마리아와 많은 여자들이, 예수님이 나무 십자가에 못 박혀 운명하신 갈보리 골고다 언덕에 함께 있었다는 말씀을 읽으면서 제 자신을 돌이켜 봅니다. 성령님! 같은 여인의 입장인 제 모습이 너무나 나약하고 외식적인 삶의 주인공으로 살아왔음을 고백하며 회개합니다. 저는 이제부터라도 끝까지 인내하며 주님의 길을 따르는 그 여인들의 믿음을 본받기 위해, 성령님의 인도하심에 순종하는 여종이 되도록 기도하렵니다. "우리 주 예수 그리스도의 십자가 외에 결코 자랑할 것이 없다"라고 고백하신 사도바울의 절대적 신앙을 삶의 목표로 삼으렵니다. (2016. 3. 25. 금)

(002) 보혜사 성령님

보혜사 곧 아버지께서 내 이름으로 보내실 성령 그가 너희에게 모든 것을 가르치고… 생각나게 하리라(요14:26)

신실하신 성령 하나님께 친밀한 교제를 위하여 제 심령의 빈 자리에 구주 예수 그리스도를 모시기로 결심했습니다. 보혜사 성령님, 지금까지 제게 모든 것을 가르쳐 주셨음을 무한 감사드립니다. 또한 주께서 말씀하신 모든 것을 생각나게 해 주시니 더욱 감사합니다. 춘 3월의 꽃샘 추위가 사그라드는 삽자가 고난의 사순절도, 종려주일로 시작되는 이번 주간에 마쳐지네요. 부활 주일이 내일로 눈 앞에 와 있습니다. 한 주간 동안에 드려지는 이 여종의 아침 금식기도를 온전히 기쁘게 받아 주소서. 화면의 영상으로 다가온 당신의 옆구리엔 창으로 찔려 처얼철 보배피가 솟구쳐 흘러 내렸지요. '부활'이란 영화를 감상하는 내내, 골고다 언덕길의 여섯시간 운명의 처절한 흑암과 지진, 무덤 문이 열리는 사건들을 목격하면서(마27:50), 진정 예수님의 부활은 그 무엇으로도 표현할 수 없는 기적 중의 기적임을 고백합니다. 이 부활 신앙을 힘입고 살아가는 저나 우리 모든 그리스도인들은, 영원히 죽을 수 밖에 없는 영벌의 존재에서 영생의 존재로 거듭난 가장 복된 존재의 신분이 되었음을 자랑하고 영광 돌려야 하겠습니다. 성령님이시여! 이제부터 더 가까이 내주하시는 주께 속삭이는 대화로 기도하려 합니다.(2016.3.26.토)

(003) 약속하신 것을 보내리니

볼지어다 내가 내 아버지께서 약속하신 것을 너희에게 보내리니 너희는… 이 성에 머물라 하시니라(눅 24:49)

은혜의 주 성령님, 오늘 부활 주일의 예배는 새 생명 축제의 날이었습니다. 무덤에서 3일 만에 부활하신 예수 그리스도시여! 이 벅찬 기쁨의 감격을 어찌하오리까. 해마다 부활주일과 추수감사 주일에 개최하는 영혼 구원을 위한 전도 축제의 초청잔치를 주께서는 매우 흡족해 하시리라 믿습니다. 치우하는 교회의 성도들을 바라 보시며 "잘 하였도다 충성된 종아!"라고 칭찬해 주실것을 갈망합니다. 저도 오늘 세 사람의 전도 초청인을 모시면서 얼마나 가슴이 설레였는지요. 성령님, 보셨지요? 연예인들의 산 신앙의 간증하는 모습을...상한 마음이 치유받게 되는 영생의 기쁨을 눈물로 호소하는 저들의 심령에 성령님께서 임재하시기 때문이라 확신합니다. "마음이 뜨겁지 아니 하더냐(눅24:32)"의 제목으로 설교하시는 위임목사님의 말씀은, 성령께서 가르쳐 주시는 지혜와 능력의 선포이었습니다. 주께서 부활하심으로 아버지 하나님이 약속하신 것을 보낸다 하신 약속대로, 성령님이 우리 안에 부녁히 거하고 계심을 고백합니다. 오늘의 이 천국 잔치를 허락하신 아버지 하나님이시여! 크게 영광 받으소서. 성령님이 계심으로 저는 행복하고 삶의 의미를 찾습니다.(2016.3.27.주일)

(004) 담대하라

 이것을 너희에게 이르는 것은 너희로 내 안에서 평안을 누리게 하려 함이라 세상에서는 너희가 환난을 당하나 담대하라 (요16:33)

 세상을 능히 이기신 주 예수 그리스도께 감사드립니다. 주님께서 주신 힘으로 오늘 하루도 제가 행복한 시간을 보냈네요. 모처럼 학창 시절의 길쭉 동무를 만나 정겨운 시간을 가졌습니다. 성령님, 얼큰한 순두부의 한식 요리가 일품이었습니다. 잠실 전철역 주변의 신형 빌딩의 높이에, 저는 놀라움을 금치 못했습니다. 거의 100층이 넘는 것 같았어요. 이젠 완연한 봄 기운이 온 몸을 휘감는 느낌이 나네요. 우리 두 사람은 여유로운 마음으로 교보문고에도 발 걸음을 옮겨 러고 싶은 책들을 살펴보았습니다. 곧 종교 서적이 있는 곳에 제 시선이 쏠리는 이유를 알았습니다. 신앙 일반 서적의 책장에서 "나 여기 있어요" 하며 반기는 이름이 곧 제 이름이 아니겠는지요. 가까이 가서 자세히 살펴보니, 며칠 전에 제가 발간했던 '어머니 회고록 에세이집' 이었습니다. 무척이나 반갑고 기뻤습니다. 성령님이 누리게 하시는 평안을 경험했어요. "강하고 담대하라 (수1:6)" 하신 말씀이 생각났습니다. 환난과 고통이 계속되는 세상에서의 삶이지만, 끝까지 담대하라고 권면해 주시는 주님의 말씀이 큰 힘이 되었습니다. 십자가로 승리하신 구주 예수님 때문에 전 승리뿐입니다. (2016.3.28.월)

(005) 소금으로 맛을 냄과 같이

너희 말을 항상 은혜 가운데서 소금으로 맛을 냄과 같이 하라 그리하면 각 사람에게 마땅히 대답할 것을 알리라 (골 4:6)

자비로우신 주 성령님, 화요일마다 치유상담 연구원의 인턴과정 수업이 이번에는 '대화 훈련과 자각증진'이라는 과목입니다. 마침 성령님과 함께 은밀하게 성경 말씀으로 묵상하고 취력하는 제 매일의 삶에서, 교제로서의 대화라는 주제가 일치하는 사실에 큰 감동을 받습니다. 지도 교수님께 받게 되는 대화 스타일은 역할극으로 이끌어 가는 과정에서, 저도 참여하면서 새로운 훈련의 경험을 했답니다. 적절한 상황에서의 적절한 대화는 인간 관계에서 친밀한 접촉을 가능하게 해준다 합니다. 감정을 정화하며 자기를 명료화시킴으로 정상화 하게 하는 대화는, 착각을 증진케 한다는 사실을 몸소 경험하는 좋은 시간이 되었습니다. 또한 상대방의 말을 잘 경청하며 공감하는 자세야 말로, 상대방과의 신뢰감이 형성되고 친밀한 관계를 유지시킬 수 있다는 것을 다시한번 체험했습니다. 성령님, 곤고한 자와 궁핍한 자를 신원하는(잠31:9) 저의 입술이 되기를 소원합니다. 모든 이웃에게 말을 하되 소금으로 맛을 냄과 같이 항상 은혜 가운데서 선량한 언어를 사용하도록, 성령님의 인도하심을 간절히 기원합니다. 두서없는 말이나 글로 이렇게 고백해도 예뻐해 주시겠죠?(2016.3.29.화)

(006) 성령의 선물

베드로가 이르되 너희가 회개하여 각각 예수 그리스도의 이름으로 세례를 받고 죄 사함을 받으라…성령의 선물을 받으리니(행2:38)

저의 생명이신 성령님, 삼일만에 부활하신 은혜와 기쁨을 무엇으로 표현하리요. 이 밤에 성경 말씀을 묵상하며 사도행전 2장에서 오순절 설교로 선포하는 베드로를 생각해 봅니다. 성령의 충만함을 받은 자신의 변화됨을 주의 말씀으로 외칠 때, 듣고 있던 자들이 "우리가 어찌할꼬(행2:37)"했다고 하였습니다. 그때 베드로는 "회개하여 예수 그리스도의 이름으로 세례를 받고 죄사함을 받으라"고 당당하게 명령했지요. 그렇게 할 때 '성령의 선물'을 받게 된다고 설교했습니다.

결과는 대단했습니다. "이 날에 신도의 수가 삼천이나 더하더라"고 했으니까요. 오로지 기도에 전념할 때 오순절에 임했던 성령 충만의 역사와 기름 부으심의 은혜가 오늘날의 이 순간에도 저에게, 우리 모두에게 넘쳐나리라 믿습니다. 사랑하는 성령님이시여! 날마다 매 순간마다 저의 심령 가운데 임하시기를 사모합니다. 조금도 떠나지 마시고 저와 교통해 주세요. 이 땅에서나 천국에서도 영원히 저와 함께 하시는 주 성령님을 찬양하며 영광돌립니다. 제게 있어서 가장 소중하고 큰 선물을 소개하라면, 이 세상에 그 어떤 것도 아니요. 바로 **성령님**이 제 안에 임재해 계심이라 믿고 감사드립니다.(2016.3.30.수)

(007) 여호와의 계명을 즐거워하는 자

할렐루야. 여호와를 경외하며 그의 계명을 크게 즐거워하는 자는 복이 있도다(시112:1)

성령님, 벌써 이 해의 3월도 오늘로 마지막 날이 되었네요. 해마다 네 계절인 봄, 여름, 가을, 겨울이 있고, 또 열두 달이 있지요(창1:14) 때마다 월마다 좋은 것으로 채워주시는 신실하신 성령 하나님을 찬양합니다. 오늘따라 성령님을 모시고 제가 찬송 한절을 불러볼까 합니다. "사철에 봄바람 불어잇고 하나님 아버지 모셨으니, 믿음의 반석도 든든하다 우리집 즐거운 동산이라. 고마워라 임마누엘 예수만 섬기는 우리집, 고마워라 임마누엘 복되고 즐거운 하루하루."(찬559)

성령님, 제 모습 이대로 속삭이는 심정을 안고 찬송을 부르니 감격스럽네요. 믿음으로 주님 안에서 건강하게 살아가는 두 자녀가 있고, 오순 도순 모여 앉아 밥상을 맞고 텔레비젼을 시청하며 이야기 꽃을 피울 수 있는 안식처를 예비해 주심에, 저는 그저 감사만 드리며 살아도 부족할 것 같습니다. 한 겨울도 가고 이제 봄바람이 불면서 개나리 꽃이 노랗게 옷을 입고 나왔네요. 교회 아래 놀이터엔 목련꽃 봉우리도 싱그럽게 흰옷을 입은채 자태를 드러내고 있어요. 여호와의 계명을 즐거워하는 자가 복이 있다고 하였지요. 저와 자녀에게 복 주심을 감사드립니다. 따스한 성령님 사랑해요. (2016·3.31목)

(008) 내가 네게 응답하겠고

너는 내게 부르짖으라 내가 네게 응답하겠고 네가 알지 못하는 크고 은밀한 일을 네게 보이리라 (렘 33:3)

신실하신 여호와 하나님, 은혜의 주 성령님이시여! 오늘이 바로 98주년째 맞는 대한민국의 3.1절 기념일입니다. 저희 본 교회에서 개최된 '3.1절 통곡기도대회'는, 북한 동족과 이 민족의 혼탁한 정세를 놓고 드리는 간절한 부르짖음의 기도회였습니다. 성령님! 3시간 이상 당신께 통곡하며 소리쳐 회개하고 간구한 우리 성도들의 외침을 귀 기울여 들어 주실 줄 믿습니다. 부르짖을 때 응답하시고 크고 은밀한 일을 보이신다 하셨사오니, 3.8선으로 분단된 우리 북한 동족의 처절한 인권유린의 삶을 불쌍히 여겨, 속히 남한과 북한이 복음으로 통일되는 자유 민주주의의 통일 민족이 되게 하옵소서. 북한의 공산 독재 정권이 우리의 통곡 기도로 무너지게 하소서. "무엇이든지 기도하고 구하는 것은 받은 줄로 믿으라"(막 11:24) 하셨지요. 이제 우리 성도들의 기도가 수년 내에 통일의 기쁨을 안겨 주리라 믿습니다. 주님께 부르짖는 간절한 기도외에는 통일의 길이 없음을 깨닫고, 매순간 밤낮으로 금식하며 기도하게 하옵소서. 우리 탈북민들의 애환을 들으시고 성령께서 찾아가 위로의 손길로 보듬어 주소서. 지금도 고통 가운데 있는 저들의 신음소리를 기억하시고, 인권탄압에 갇혀있는 정치범 수용소의 백성들을 해방시켜 주소서. 지금도 눈물로 기도하는 지하성도들의 절규를 들어주소서. (2017.3.1.수)

(009) 나는 네 하나님이 됨이라

두려워 하지 말라 내가 너와 함께함이라 놀라지 말라 나는 네 하나님이 됨이라 …참으로 나의 의로운 오른 손으로 너를 붙들리라 (사 41:10)

삼위일체 하나님, 제 삶의 참 주인이시여! 성부, 성자, 성령의 이름만 떠올려도 감동이 되어 눈물이 솟구치려 합니다. 주님은 저의 피난처 되시며 산성이 되시고 영원한 생명이 되시기 때문입니다. 성령님, 이렇게 제가 당신 안에서 고백하고 속삭이며 영적인 대화를 나눌 수 있다는 현재의 상황이 너무 너무 행복하고 큰 위로가 되는지 모릅니다. 역시 저의 에너지인 힘의 근원은 여호와 하나님 뿐이지요. "세상에서 너희가 환난을 당하나 담대하라 내가 세상을 이기었노라"(요16:33)고 말씀해 주셨는데, 그 담대하라는 말씀에 저는 세상을 다 이긴자가 되어 어린 아이처럼 뛰어다니고 싶은 심정이랍니다.
그리고 설령 현실의 삶이 제가 바라고 원하는
대로 이루어 지지 않았다 해도, 성령님이 저와
함께 계시기에 저는 세상을 다 정복하고 소유한
천국 시민의 자격자로 당당하게 살아갈것입니다.
당신의 의로운 오른 손으로 이 순간도 붙들어
주시니, 저는 아무런 두려움이나 외로움이 있을
수가 없습니다. 오직 제 삶의 자랑은 주예수
님의 십자가 사랑과 부활의 영광이 아닌지요.
성령님! 저의 하나님이 되시어 무한 감사드립니다.
이 민족의 춤처 일렁이는 분열과 아픔의 바람도,
새롭게 불어오는 3월의 봄바람이 우리 모두의
상처입은 심상을 시원케 해 주리라 믿습니다. (2017. 3. 13 월)

(010) 주 예수를 믿으라

이르되 주 예수를 믿으라 그리하면 너와 네 집이 구원을 받으리라 하고(행16:31)

"사람이 사람을 만나면 역사가 이루어지고, 사람이 하나님을 만나면 기적이 이루어집니다."

성령님! 지난 수요밤의 전도세미나 시간에 외쳐신 박 장로님의 절절한 목소리가 지금도 제 심장을 두드리는 듯 합니다. 제 자신의 안일한 모습이 주님께 많이도 부끄러워 졌음을 실토합니다. '붕어빵 전도왕!' 그 별칭을 받기까지의 영혼사랑의 과정을 책으로도 발간하셔서, '사람 낚는 어부'의 진정한 모델이신 분이 아닐수 없습니다. 진실된 주 성령님의 감동을 받아 일선의 최 전방에서의 영적 군사로 뛰시는 그 열정에 박수를 보내 드립니다. 저는 저자의 책인

'붕어빵 전도행전'을 읽으며, "이 분의 흉내라도 따라가는 흉내를 내는 자신이 되어야 하지 않겠는가?"하는 제 양심의 질문을 스스로 해 보았습니다. 한 영혼을 향한 불타는 중보적 기도와 사랑하는 마음이 실천으로 열매 맺혀질 때, 예수 그리스도를 영접한 성도를 바라보시는 하나님 아버지의 마음은 얼마나 기뻐하실까요. 또한 전도의 결실을 맺고 신실한 그리스도인이 되기까지의 새신자 관리도 철저히 이루어 가시는 박 장로님 같은 사명자를, 성령님께서는 더욱 더 성령 충만의 옷을 입혀 주시리라 믿습니다. 저 역시도 이제 정신을 차리고, 사도바울이 감옥에서도 전한 "주 예수를 믿으라"의 증언된 삶을 닮아가야 하겠습니다. 초대교회 성도들의 열심 있는 하나님 사랑과 인간사랑의 본이 되는 삶으로 구원의 부흥(행2:47)을 이룬 기적이, 저희 출석하는 교회에 날마다 있어지기를 소원합니다. 이땅에 당신의 계절이 오게 하소서. (2017.3.24.금)

(011) 그의 찔림과 상하심으로

그가 찔림은 우리의 허물 때문이요 그가 상함은 우리의 죄악 때문이라 그가 징계를 받으므로 우리는 평화를 누리고…(사 53:5)

성령님! 성령님! 제 마음의 절박함이 당신의 이름을 자동적으로 찾게 합니다. 대한민국! 이 민족을 불쌍히 여겨 주소서. 제 혼란한 심령을 평안케 하옵소서. 저를 비롯한 믿음의 사람들이 나라와 민족을 위해 깨어 기도하지 못한 과오를 용서하소서. 나라 잃은 백성의 설움을 다시 맛 보지 않기 위해, 우리의 개인만을 위한 이기심을 버릴 때가 온 줄로 믿습니다. 3월의 끝자락에 이른 이 사순절 기간에, 주 예수께서 온 인류를 위해 손수 나무 십자가에 매달려, 찔림과 상하심으로 우리의 죄악을 대신 하신 그 은혜와 사랑을 한 시도 잊지 말게 하옵소서.

성령님! 지금도 불꽃같은 눈으로 전 세계의 정세와 이 민족의 실상을 지켜보고 계시는 줄 믿습니다. 이 나라의 지도자가 탄핵되는 슬픈 현실 속에서, 국민들의 민심은 흉흉하여 서로를 비판하고 두 갈래로 나뉘어져 있습니다. "서로 물고 뜯으면 피차 멸망할까 조심하라"는 주님의 말씀을 되새겨 봅니다. 성령님! 외치하는 저희들의 눈에 있는 들보(마 7:5)를 먼저 발견하고 빼어 버리기를 소원합니다. 그리고 나서 상대방의 눈 속에 있는 티를 제거하게 하옵소서. 우리 민족의 남은 사명이 남북 간의 통일임을 믿습니다. 추호라도 이 민족이 공산화로 물들어 적화통일 되지 않기를 기도합니다. 어서 속히 안정을 찾는 나라가 되게 하소서. 아멘. (2017. 3. 30. 목)

(012) 모든 쓸 것을 채우시리라

나의 하나님이 그리스도 예수 안에서 영광 가운데 그 풍성한 대로 너희 모든 쓸 것을 채우시리라 (빌 4:19)

참으로 진실하시며 성실하신 성령님께 먼저 이 부족한 여종이 머리 숙여 찬양과 감사를 올려 드립니다. 받기 보다 주는 자에게 "누르고 흔들어 넘치도록 안겨 주리라 (눅6:38)"고 말씀하신 주님의 복음을 생생하게 기억합니다. 성령님, 아무리 생각해 보아도 주께서 제게 복을 내려 주시는 은혜를 정녕 헤아리기가 어렵습니다. 왜 자꾸 채워 주시는지요. 제 양심은 외식이나 거짓말을 할 수가 없습니다. 제 자신의 생각에 앞서서 먼저 새 일을 행하시는 성령님의 은총을 감동으로 받는 지난 해였습니다. 또한 이 해에도 여전히 당신께서는 제 영혼과 육신, 실제 생활의 여건들을 풍족하게 해 주십니다. 제가 주님께 하나를 드리면 열개 이상으로 갚아 주심을 경험합니다. "너희 모든 쓸 것을 채우시리라"는 말씀은 곧 제게 허락하신 하나님의 응답이십니다. 성령님, 오늘 밤의 금요기도회 때 받은 말씀을 다시 되새겨 봅니다. 주께서 좋아하시는 것이 무엇인지를 가장 먼저 깨달아 알아가기를 원합니다. 주님께 매일 헌신하게 하소서. 몸과 마음, 영의 헌신과 금식기도, 온전한 십일조와 헌물로 예물을 드리게 하소서. 아버지 하나님께만 기쁨이 되게 하소서.(2016. 4. 1. 금)

(013) 지면에는 꽃이 피고

지면에는 꽃이 피고 새가 노래할 때가 이르렀는데 비둘기의 소리가 우리 땅에 들리는구나 (아 2:12)

성령님, 벌써 4월의 꽃피는 소리가 여기 저기서 들려오는 듯 하네요. 제 각각의 향기를 발하는 꽃들은 얼마나 아름다운지요. 요즘에 피어나는 꽃들을 나열해 볼까요. 희고도 우아한 자태의 목련꽃, 개나리꽃, 그리고 지역에 따라 산수유 꽃이나 매화 꽃이 온통 꽃마을을 이루고 있지요. 농촌의 야산에는 분홍빛 진달래 꽃들이 시새워 피어나고 있답니다. 지금쯤 여의도의 윤중로에는 온통 벚꽃 축제로 인해 남녀노소 할 것 없는 나드리 객들로 북새통을 이룬다네요.

성령님, 신촌의 옛 기찻길 옆으로 비둘기들이 떼를 지어 땅에 떨어진 과자를 쪼아 먹고 있는 모습도 무척이나 정겨웠습니다. 제가 가까이 다가가서 들여다 봐도 도망치지 않고 종종 걸음을 치는 비둘기의 속성은 역시 평화인가 봅니다. 때를 따라 은혜를 주시는 성령님이시여! 당신 안에서 사는 저의 인생은 행복 자체입니다. 오늘은 주말의 기쁨을 만끽하는 날이었어요. 하나님께서 지면의 땅에 풀과 씨맺는 채소, 씨 가진 열매 맺는 나무를 창조(창1:11)하셨기에, 날마다 일용할 양식을 공급받게 됨이 참으로 소중하고 감사드릴 일입니다. 자녀들과 함께 한 점심 식탁의 달래향이 아직도 감미롭네요.(2016.4.2토)

(114) 네 구제함을 은밀하게 하라

네 구제함을 은밀하게 하라 은밀한 중에
보시는 너의 아버지께서 갚으시리라
(마 6 : 4)

맑고 화사한 청명의 날에 우리의 힘과 위로, 교사가 되시는 보혜사 성령님께 문안 서신 올립니다. 어제만 해도 봄비를 맞으며 주일 예배를 드리고 왔는데, 오늘 아침엔 "언제 이슬비가 내렸냐"는 듯이 햇살이 따뜻해 졌네요. 오는 4월 13일엔 우리나라의 일꾼인 국회의원을 선출하는 총선의 날 이랍니다. 열흘도 남지 않은 이 시점에서 거리마다 골목마다 선거유세로 떠들썩하네요. 각자의 소신과 장기, 자랑할 만한 권위와 명예까지는 좋은데, 상대방을 비방하고 흠집

내는 언행은 삼가해 주셨으면 좋겠다는 생각을 했습니다. 구제하고 봉사하는 일에 있어서도 자청 자화 자찬하며 자신을 알아달라고 하소연 하는 분들도 종종 보게 됩니다. 성령님, 이번 총선에서는 국민의 시종자로 겸손히 일할 수 있는 진실한 정치가들이 많이 선출되기를 기도합니다. 자기의 의를 행하지 않고 자기만 영광받지 않는 자, 자기 과시로 허풍만 날리는 자가 아닌 배려심이 가득한 지혜로운 자들이 배출되기를 소원합니다. 이웃의 요청을 도와주고 거절하지 않는 자(마5:42)로, 주님의 성품을 닮아 행하는 정치가들이 새롭게 세워지길 기원합니다. 은밀히 살피시는 주님이시여! (2016.4.4.월)

(015) 마음을 낮추는 것

겸손한 자와 함께 하여 마음을 낮추는 것이 교만한 자와 함께 하여 탈취물을 나누는 것 보다 나으니라 (잠 16:19)

부르고 또 불러도 지치지 않는 그 이름, 성령님께 오늘도 인사드리며 대화의 노크로 제 마음을 엽니다. 성령 하나님의 감동으로 기록된 이 성경 말씀이 더욱 은혜로우며 생기가 돈다고 고백하고 싶어지는 이 마음을 숨길 수가 없습니다. "내가 모태에서 알몸으로 나왔사온즉 또한 알몸이 그리로 돌아가올지라 주신 이도 여호와시요 거두신 이도 여호와시오니 여호와의 이름이 찬송을 받으실지니이다"(욥1:21) 욥기서의 말씀을 묵상하면서, 극심한 고난 중에도 감사로 고백한 옴의 마음낮춤 제로(O)의 감사 신앙에 놀라움을 금치 못하네요. 성령님, 끝내는 갑절의 복으로 옴의 나중을 풍성케 하신 당신의 무한한 사랑을 헤아려 봅니다. 제 마음을 낮추니 오늘의 공기, 햇살, 하늘, 그리고 일용할 양식인 밥 한끼, 옷 한벌, 피곤에 지친 몸을 눕게 할 수 있는 침실의 잠자리가 얼마나 큰 감사의 조건들인지요. 주님의 은혜를 생각만 해도 눈물이 흐를것처럼 감동이 몰려 옵니다. 성령님! 세월이 갈수록 제 자신이 겸손해 지기를 갈구합니다. 성령님이 주시는 평강의 은총이 제 영혼을 감싸 안아 주시리라 믿습니다. 세상이 험악해 질 수록 성령님만 의지하고 살래요.(2016.4.6.수)

(016) 풀은 마르고 꽃은 떨어지되

그러므로 모든 육체는 풀과 같고 그 모든 영광은 풀의 꽃과 같으니 풀은 마르고 꽃은 떨어지되 (벧전 1:24)

"사월에 꽃이 핀다면 난 항상 사월이어라. 한철의 꽃은 지고 다 져도 예수님 사랑하는 내 마음 시들지 않으니, 예수님 향한 내 마음 피고 또 피죠. 오 나의 사랑 주님 사랑해요. 예수님 있어 내 마음 항상 사월이어라. 예수님 있어 내 삶은 항상 사월이어라."

꽃피는 4월이 아름답고 향기롭다고 모두들 말합니다. 사람들은 봄 바람을 타고 산과 들로 다니며 풀 내음과 꽃 향내에 행복해 하지요. 성령님, 하지만 얼마 지나지 않아서 꽃잎은 하나 둘 땅에 떨어지네요. 그 잎새들도 말라 버린답니다. 그런 의미에서 볼 때 예수님을 향한 사랑의 마음은 꽃처럼 시들지 않기에, 예수님을 그 마음과 삶에 모신 사람은 항상 4월이라는 영적 봄을 맞이하게 된다는 가사이지요. 지난 주 수요밤 예배 시간에 아가페 찬양대에서 부른 '사월이어라' 라는 복음성가를 다시 음미하며 되새겨 보았어요. 은혜의 성령님, 그렇습니다. 풀은 마르고 꽃은 떨어지되 오직 주의 말씀은 영원하십니다. 제 자신을 포함한 우리 모든 그리스도인들은 하나님 나라 복음 전파의 어명을 받은 암행어사인걸요(벧전2:9). 성령님, 사랑하고 또 사랑합니다.(2016.4.14.목)

(017) 만물의 마지막이 가까이 왔으니

만물의 마지막이 가까이 왔으니 너희는
정신을 차리고 근신하여 기도하라
(벧전 4:7)

 자비로우신 저의 아버지 하나님이시여! 성령 하나님의 이름을 찬양합니다. 나라마다 곳곳의 거리마다 슬픈 소식들이 줄을 잇습니다. 어찌하오리까. 천정 살아계신 주님의 말씀대로 만물의 마지막이 가까이, 더 가까이 왔다는 실감을 아니할 수가 없네요. 지전의 공포 속에서 해방될 나라는 아무데도 없습니다. 홍수와 가뭄도 마찬가지입니다. 각 종 전염병에서 안심할 수 없는 말세지말의 징조들이 속속 드러나고 있네요. 성령님, 참으로 제 자신부터 정신을 차려

근신하며 기도할 때가 왔다고 절감합니다. 오늘 새벽에도 잠자리에서 기상하며 제가 이 순간도 살아 숨쉬고 있다는 사실이 얼마나 감사한지요. 눈을 떠서 온갖 삼라만상을 볼 수 있다는 것, 귀로 들을 수 있고 입으로 말할 수 있는 것, 두 손과 두 발이 있어 만지고 걸을 수 있다는 것 등등이 모두 다 감사의 조건들이 아닌지요. 그렇기 때문에 없는 것과 모자람에 대한 한탄이나 비판 보다, 현재 가지고 있는 것의 넉넉함을 감사할 줄 아는 지혜가 급선무임을 깨닫습니다. 고통과 생사의 갈림길에서 소리치는 이웃의 구조자로 살아가는 우리가 되길, 깨어(골4:2)기도하길 소원합니다.(2016.4.22.금)

(018) 하나님의 은혜로 된 것

그러나 내가 나 된 것은 하나님의 은혜로 된 것이니 내게 주신 그의 은혜가 헛되지 아니하여…(고전 15:10)

성령 하나님이시여! 저의 모든 삶은 아버지 하나님의 은혜로 살아온 날들이었음을 고백합니다. 지금 이 순간도…앞으로의 제 미래도 제 힘과 노력으로는 감히 흉내낼 수 조차 없음을 다시 고백합니다. 오늘로 이 해의 4월도 끝나는 날이 되었네요. 한 달 동안도 주께서 보살펴 주신 사랑의 은혜로 잘 살아왔음을 감사드립니다. "내가 나 된 것은 하나님의 은혜"라고 간증한 사도바울의 진심이 제 마음을 감동케 합니다. 우리가 먹든지 마시든지 무엇을 하든지 하나님의 영광(고전 10:31)을 위해 해야 한다는 말씀 앞에 제 자신도 항복합니다. 성령님, 오늘 오전에는 기독서점인 '생명의 말씀사'를 찾아 작고 깜직한 성경책과 몇권의 책을 구입했습니다. 기도와 성령의 사람이라 칭하는 앤드류 머레이의 대표작인 "죽을만큼 겸손하라"는 책을 발견하는 순간, 제 심장은 섬쿵하며 뛰기 시작했습니다. 겸손은 거룩함의 시작이자 제자도의 완성이라 했는데, 제 지나간 삶의 흔적들은 너무나도 위선이 많았지요. 주님보다 사람에게 인정 받으려는 아집의 교만이 짖었음을 숨길 수가 없습니다. 저의 끝없는 욕망을 성령님께 다시한번 내려 놓습니다. 하나님의 은혜만 구합니다.(2016.4.30 토)

(019) 주는 나의 하나님

내가 날 때부터 주께 맡긴 바 되었고 모태에서 나올 때 부터 주는 나의 하나님이 되셨나이다 (시 22:10)

"주님의 성령 지금 이 곳에 임하소서 임하소서. 할렐루야 할렐루야 할렐루야 할렐루야".

성령님이시여! 오직 주님 만이 힘이 되시고, 저의 유일한 한분 하나님 아버지 되심을 믿고 의지하며 사랑합니다. 그러므로 주는 저의 하나님이요, 우리 모두의 구원자 되심을 고백하며 찬양드립니다. 4월의 산야와 길목마다 축고 흰 벚꽃들이 피어나고, 개나리와 진달래꽃, 목련의 꽃잎은 벌써부터 지기 시작하나 봅니다. 반짝 피었다가 사라지는 저들은 풍성한 열매를 꿈꾸며 소임을 다한채, 한 줌의 흙으로 묻혀버리지요. 참 감동스럽습니다.

주께서 제게 말거신 달란트의 사명도 저 꽃잎들처럼 온전히 기쁨으로 감당하고 싶습니다. 주일 예배 드릴 때마다 성도들이 일제히 일어서서 '살아계신 성령님'의 입례송을 올려 드리게되는데, 저는 그 때마다 얼마나 벅찬 감동에 사로잡히게 되는지 모르겠습니다. 산 제사 드리는 신령과 찬정의 예배가 아닌지요. 성령님! 이 세상이 아무리 혼탁하고 어지러워도, 주 예수 그리스도의 십자가 사랑의 부활이 열매로 맺혀 있기에 그 무엇도 두려울 것이 없습니다. 영원 불변의 그 사랑으로 천국을 예비하고 계시니, 저는 모태에서 나올 때부터 "주는 나의 하나님"이란 고백을 아니 할 수가 없는 것입니다. 그 때부터 주님을 의지하게(시 22:9)되었지요. 성령님, 오늘도 내일도 당신만을 찬양합니다.(2017. 4. 3. 월)

(020) 참는 자의 아름다움

부당하게 고난을 받아도 하나님을 생각함으로 슬픔을 참으면 이는 아름다우나
(벧전 2:19)

　생각만 해도, 부르기만 해도 감격스러운 그 이름, 저의 유일하신 성령님이시여! 저의 존재 이유란 오직 성령님이 저와 함께 계시기 때문입니다. 당신과의 대화로 이어지는 이 사랑의 속삭임이 영원하기를 간절히 소원합니다. 이 세상의 모든 것이 산산이 흩어져 사라져 가도, 주 예수 그리스도의 십자가 은혜 만큼은 제가 부인할 수 없는 사명입니다. 부활의 생명으로 다시 태어난 천국 시민의 존재이기 때문입니다.

성령님, 부활 주일을 한 주 앞둔 이 고난 주간에 나무 십자가에 달리신 주 예수 그리스도를 생각합니다. 눈물이나 그 어떤 표현으로도 감당할 수 없는 구원의 속죄를 매 순간 감사함으로 받아, 일평생 갚아 나아갈 저의 행복한 숙제라고 믿어 의심치 않습니다. 저의 영혼과 육신을 사하여 주신 구원 받은 사랑에, 제가 흉내만 내도 당신께서는 감히 흡족해 하시리라 믿습니다. '의미를 찾게 되면 더 이상 고난이 아니다'라는 강단의 말씀을 되새겨 봅니다. 맞습니다. 성령님! 우리가 부당하게 고난을 받아도 하나님을 생각하며 슬픔을 참으면 아름답다 하셨지요. 그런데 죄가 있어 매를 맞고 참는다면 어떤 칭찬도 없다고 말씀하셨지요. 오직 성령께서 원하시는 선을 행함으로 고난을 참을 때(벧전 2:20)만이 영광입니다. (2017. 4. 11. 화)

(021) 날마다 제 십자가를 지고

또 무리에게 이르시되 아무든지 나를 따라 오려거든 자기를 부인하고 날마다 제 십자가를 지고 나를 따를 것이니라 (눅9:23)

신실하시고 자비로우신 성령 하나님이시여! 새 생명의 부활 주일을 하루 앞 둔 주말입니다. 하나님 자신이 육신의 몸을 입고 오신 예수 그리스도의 십자가 처형은 저의 죄과 때문이었지요. 우리 모든 인류를 구원하시는 사랑이 아닌지요. 예수 그리스도의 영이신 성령님! 예수께서 나무 십자가를 지고 갈보리의 골고다 언덕에서 흘리신 6시간 동안의 붉은 피는, 가상칠언의 처절한 외침과 함께 죽음에서 영생의 부활로 이끄심을 받는 과정의 길이였습니다. 지옥에서 천국으로의 관문이었죠. 어젯밤에 올린 성만찬 예식은 눈물의 강물로 얼룩졌지요.

영상에서 보여지는 예수 그리스도의 고문! 당신이 쓰신 가시 면류관, 양손과 양발에 박힌 녹슨 대못, 옆구리와 등에 채찍질 당한 창과 납덩이가 달린 회초리, 온 산하가 피로 물든 이후에 당신은 운명하셨지요. 왜 그렇게까지 야만 했나요? 왜 절 사랑하셨나요? 영원한 저주의 멸망에서 온 세상의 만인을 구원하심이 사랑, 사랑하기 때문이라 하셨나요. 그 은혜로 저는 천국 시민의 한 사람이 되었습니다. 당신의 십자가를 따르렵니다. 제 자신을 부인하고 제 십자가를 지며 당신을 따를 때, 진정한 주님의 제자가 된다는(눅14:27)사실을 믿고 감사드립니다. 성령님, 저의 낮은 인생을 살아있는 순교자로 살게 하소서. (2017. 4. 15.토)

(022) 네 잠이 달리로다

네가 누울 때에 두려워하지 아니하겠고 네가 누운즉 네 잠이 달리로다(잠3:24)

성령님이시여! 성령님이시여! "범사에 감사하라"는 말씀에 저는 아멘이요 또 아멘입니다. 4월도 이제 저물어 가네요. 오늘의 잠언 말씀을 묵상하는데 얼마나 은혜가 되는지요. 감사의 눈물만…회개의 눈물만 강물을 이루려 합니다. "대저 여호와는 네가 의지할 이시라 네 발을 지켜 걸리지 않게 하시리라"(잠3:26)의 말씀대로, 성령 하나님, 오직 당신만이 저의 일평생 의지할 이시요 제 남은 인생 여정의 발을 지켜, 걸려 넘어지지 않게 하실 유일한 아버지 하나님 되심을 믿습니다. 주께서 예정해 주심에 따라 저로 하여금 두 명의 사랑스러운 딸들과 함께 일생을 살게 해 주셨음이,

이 세상의 그 무엇과도 바꿀 수 없는 복중의 복이 된다는 사실을 새삼 깨달았습니다. 그런 의미에서 볼 때 제가 독신주의에서 탈피하여 결혼한 일은 주님의 섭리이었고, 저 역시도 매우 잘 한 일이었다 여겨 어찌나 감사한지요. 참으로 지나간 일이나 현재, 미래까지도 범사에 감사만이 제 마음과 입술의 언어임을 고백합니다. 사랑만 하며 살아도 부족한 삶인데, 사실 저는 많은 미움과 원망, 불평의 삶을 살았습니다. 성령님, 저의 크고 큰 죄악을 용서해 주옵소서. 그 많은 날들을 불면의 밤으로 보낸 저의 이기심을 당신께 내려놓습니다. 매일 밤 누울 때에 두려움 없이 편안한 잠을 취할 수 있다는 것이 복된 삶이 아닌지요. 단잠의 행복을 경험케 하심에 감사드립니다. (2017. 4. 28. 금)

(023) 보물을 하늘에 쌓아 두라

오직 너희를 위하여 보물을 하늘에 쌓아 두라 거기는 좀이나 동록이 해하지 못하며… 도둑질도 못하느니라 (마 6:20)

우리의 보배이시며 보물이신 성령님께 가장 먼저 감사의 인사를 드립니다. 이 세상의 그 어떤 표현으로도 감당할 수 없는 주님의 사랑과 은혜 앞에 그저 감격과 감사의 눈물만이 흘러내릴 뿐입니다. 저의 참 보물은 하늘에 있습니다. 이 땅에 발을 딛고 살고 있으나 저의 영혼은 주님 안에서 평안의 쉼을 누리고 있지요. 우리의 자녀가 주께서 맡겨주신 보물이라는 사실을, 어제 주일 예배의 말씀을 통해서 다시 재확인을 했습니다. 좀이나 동록이 해를 끼치고 도둑이 구멍을 뚫어 도둑질하는 이 땅에, 우리의 자녀들을 무방비 상태로 방치할 수가 없습니다. 성령님! 싱그러운 5월이 시작되었군요. 가정의 달이 아닌지요. 가족의 소중함을 깨닫고 부모와 자녀간에 믿음이 싹트는 사랑의 관계가 이루어지길 소망합니다. 성령님께서 일찌기 제게도 사랑하는 두 자녀를 맡기셨는데, 지금까지 믿음 안에서 서로 자매간의 우애속에 건강하고 평안하게 인도해 주신 무한하신 성령님께 감사를 드립니다. 서로가 친구처럼 의논대상이 되어 해외여행도 거뜬히 다녀오는 모습을 보고 감동했답니다. 이 모두가 주님의 은혜이오니, 하늘에 보물(눅12:33)을 쌓아가게 하소서.(2016.5.2월)

(024) 우리의 연약함을 도우시는 성령님

이와같이 성령도 우리의 연약함을 도우시나니…오직 성령이 말할 수 없는 탄식으로 우리를 위하여 친히 간구하시느니라(롬8:26)

"무한하신 주 성령 우리 어두운 성품에 생명 빛을 주소서 보혜사시여. 우리 죄를 씻으사 피곤한 자 힘을 주며 잃은 양을 찾으소서 보혜사시여. 우리 맘에 평안을 이슬같이 내리사 열매 맺게 하여 주소서. 보혜사시여. 우리들의 연약함 탄식하여 도우사 우리 위해 기도해 보혜사시여. 오 성령님 오 성령님 나의 맘에 지금 오셔서 아~아 주의 뜻 이루소서." (무한하신 주 성령:복음성가)

사랑하는 성령님이시여! 다음 주일이 바로 성령강림 주일입니다. 어제 주일예배 이후에,

우리 할렐루야 찬양대에서는 성령강림 주일에 드려질 3부 예배 찬양곡을 '무한하신 주 성령'으로 선정하여 연습했습니다. 지휘자님의 인도에 따라 악보를 익혀가며 반복하는 이 복음 성가가 얼마나 은혜가 되는지요. 그 가사와 곡조가 제 심령을 회오리 바람처럼 강타했습니다. 다음 주일의 예배와 찬양을 몹시 기다리며 사모하게 되네요. 성령님, 제 연약함을 도와 주시고 말할 수 없는 탄식으로 친히 간구해 주시니, 그 깊고도 놀라운 사랑을 무엇으로 갚을지요. 시냇물처럼 흘러 내리는 이 눈물을 감출 길이 없습니다. 오, 성령님, 간절히 기다립니다. 지금 제 맘에 오사 주의 뜻 이루소서(롬8:28)(2016.5.9.월)

(025) 나의 사랑하는 자들아

그러므로 나의 사랑하고 사모하는 형제들, 나의 기쁨이요 면류관인 사랑하는 자들아 이와같이 주 안에 서라 (빌 4 : 1)

지난 금요 기도회 시간에는 필리핀에서 젊은 청년들의 영혼 구원과 찬양 사역에 온 전력을 다 쏟으시는 김 선교사님 내외분과 8명의 청년팀들이 초청되었지요. 영감있는 은혜의 찬양 콘서트로 드려지는 소중한 시간을 못잊을 것 같습니다. 성령님의 뜨거운 임재하심이 저들의 몸동작과 목소리를 통해서, 전율해 오는 제 심령의 감동으로 실감할 수 있었습니다. 한 달 동안 함께 순회공연을 하는 젊은 형제 자매들, 그리고 이들을 뒷바라지 하시며 섬김의 본을 보이시는 선교사님 부부, 가난한 악 조건의 환경 속에서도 주님 때문에 기쁨으로 노래할 수 있다는 것이 바로 성령님의 은혜가 아닌지요. 저를 비롯한 모든 성도들은 하나가 되어 박수를 치며, 눈물의 기도회를 꼭 조였는 찬양으로 올려 드렸습니다. 성령 하나님이시여! 당신께 배우고 받고 들으며 본바를(빌4:9) 행함의 열매로 맺는 제 자신이 되기를 갈망합니다. 듀엣으로 부르는 필리핀 남녀 청년의 한국어 노래가 있었는데, 복음성가의 가사처럼 들려지는 애절함의 가요가 바로 '만남'과 '바램'이었습니다. 진정 우리 하나님은 모든 국제를 초월한 사랑의 형제자매들이 주 안에 서기를 원하시지요.(2016.5.14.토)

(026) 브닌나가 심히 괴롭게 할 때

여호와께서 그에게 임신하지 못하게 하시므로 그의 적수인 브닌나가 그를 심히 격분하게 하여 괴롭게 하더라 (삼상 1:6)

신실하신 성령님께 아룁니다. 일을 잘 하는 사람보다 관계를 잘 하는 사람이 더 성공할 수 있다는 이야기를 제가 들었던 기억이 나네요. 우리 인간의 삶에서 가장 중요한 것은 관계가 아닌지요. "마른 떡 한 조각을 나누며 화목한 것이 제육이 집에 가득하면서도 싸우는 것 보다 낫다(잠17:1)고 성경에서 말씀해 주시듯이 말입니다. 한나가 사무엘을 잉태하기까지 브닌나를 통해 얼마나 많은 피로움과 상처의 고통을 받았을까요. 우리의 마음 안에는 브닌나와 같은 가시로 절리고 아파하는 고통의 트라우마가 모두 잠재되어 있는 듯 싶습니다. 제게도 그동안 살아오면서 눈물의 골짜기를 지나오는 브런나의 상처들이 많았음을 고백합니다. 이제는 성령님께서 생각나게 해 주시는 지혜로, 여호와 하나님께 고하고 통곡하며 친구의 기도를 드려야 한다는 참 진리를 깨달았습니다. 사람과의 대화로 풀리지 않는다면, 성령님과 대화하여 치유받아야 함을 절실히 알고 믿으며 감사드립니다. 성령님은 제게 최고의 멘토이십니다. 그렇기 때문에 이제는 어떠한 모습의 브런나와 같은 존재가 제 자신을 공격한다 해도 두려움이 없습니다.(2016. 5. 20. 금)

(027) 나는 세상의 빛

예수께서 또 말씀하여 이르시되 나는 세상의 빛이니 나를 따르는 자는 어둠에 다니지 아니하고 생명의 빛을 얻으리라
(요 8:12)

　세상의 빛이신 우리의 아버지 하나님이시여! 가정의 달인 5월이 되었습니다. 성령님께 간절히 아룁니다. 이 민족의 어두운 길에 밝은 생명의 빛을 발하여 주옵소서. 전임 대통령의 공석으로인한 제19대 대통령 보궐 선거가 '장미 대선' 이라는 이름으로 이틀 후가 되는 5월 9일에 거행된다고 합니다. 성령님! 지난 해 겨울부터 오늘에 이르기까지 저는 긴긴 불면의 밤을 보내야 했지요. 당신께서 먼저 제 심중을 헤아려 주실 줄로 믿습니다. 대한민국인 이 나라는

이렇게도 남과 북이 분단되어 핵의 위협을 감지하며 살아가야 하는지요. 참된 인격을 지닌 믿음의 지도자, 진심으로 국민을 사랑하고 섬김의 본을 보이는 대통령이 선출되기를 간절히 기도합니다. "나는 세상의 빛"이라고 말씀하신 주 예수님은, "너희는 세상의 빛"(마5:14)이라고도 선포하셨습니다. 한정 이 땅의 부정과 부패, 가득친의 욕망으로 어두워진 곳곳에 여호와 하나님의 공의와 정의, 사랑이 빛을 발하는 온전한 개혁이 일어나길 소원합니다. 성령님! 이 땅에 참된 리더를 세워주세요. 억울한 누명의 옷을 입고 긴긴 세월 눈물의 밤을 지새우는 영혼들을 불쌍히 여겨, 세상의 빛이신 그 진리의 빛으로 그들을 해방된 자유의 세계로 인도하소서. (2017. 5. 7. 주일)

(028) 주 안에서 항상 기뻐하라

주 안에서 항상 기뻐하라 내가 다시 말하노니 기뻐하라 (빌 4:4)

보혜사 성령님께서는 누구보다 저의 이 말할 수 없는 심정을 능히 헤아리시고 지켜 보시리라 믿습니다. 이 모습 그대로의 모습을 받아 주시니, 저는 그저 기쁨으로 감사할 수밖에 없습니다. 거의 반년 이상의 날들을 암울하게 거쳐오면서, 내외적인 사건사고. 골이 깊은 갈등의 상처들이 얼마나 많이도 쌓여 왔는지요. 오늘 주님께서 제게 주신 말씀을 다시 묵상해 봅니다. "주 안에서 항상 기뻐하라"는 말씀에 두 손 들어 '아멘' 합니다. 또한 "너희 관용을 모든 사람에게 알게 하라"(빌4:5)는 분부하심에, 제 자신부터 준수해 나가야 할 실천의 과제인 것을 고백합니다. 주님의 가까우심이 더욱 신속하게 다가오는 이 말세지말의 때를 만났습니다. 성령님! 저를 비롯한 우리 그리스도인이 지켜야 할 덕목이 무엇일까요. 바로 주안에서 늘 기뻐하고 용서하는 삶이 아닌지요. 드디어 우리 나라에 제 19대 대통령을 맞이하게 해 주심을 감사드립니다. 이젠 지난 날들의 상흔을 당신께 의탁하고, 더욱 더 애국의 정신으로 무장하여 이 나라와 민족의 안보, 자유 민주주의의 경제발전과 화합을 위해 깨어 기도하려 합니다. 특히 아버지 하나님을 두려워 하며 겸손히 낮아져, 국민을 섬기는 이 땅의 모든 지도자들이 되길 소원합니다. 성령님! 장미꽃처럼 활짝 기뻐하며 살게하소서. (2017. 5. 12. 금)

(029) 덕을 세우는 선한 말을 하라

…오직 덕을 세우는 데 소용되는 대로 선한 말을 하여 듣는 자들에게 은혜를 끼치게 하라
(엡 4:29)

사랑스럽고도 따스한 성령님께 문안 인사 올립니다. 어제 가정의 달이라 칭하는 5월도 며칠 밖엔 남지 않았네요. 초봄의 연두빛 자연 산촌과 들판엔 진 초록빛 색상으로 옷을 갈아 입었답니다. 늦봄의 자리를 털고 초여름의 계절을 맞는 시기라 할까요. 아무튼 저는 이 5월이 좋기만 합니다. 사과분별을 잘 하는 사람을 철든 어른 같다고도 한다네요. 오늘 따라 며칠 전 세미나 시간에 들었던 말씀이 생각났습니다. 덕을 세우는 선한 말이 곧 행복의 말이라면, 우리 신앙의 사람이 생활 속에서 꼭 지켜야 할 은혜의 말은 무엇일까요. "서로 친절하게

하며 불쌍히 여겨 용서하는 자가 되라"(엡4:32)는 성경 말씀도 생각납니다. 긍휼과 자비의 마음을 지닌 사람의 입에서 어찌 악하고 더러운 말이 나오겠는지요. 성령님, 그날 밤에 받은 말씀은 제게 회개와 결단의 시간이 되었습니다. 때때로 가족에게나 친척, 지인들에게 별 생각없이 건넨 말이 상대방에게 상처를 안겨 주지는 않았는지를 다시한번 점검해 보는 계기가 되었습니다. 아니 사람에게 보다도 성령님께 섭섭하게 해드린 일들이 많았을 것 같아, 이순간 당신께 고하오니 저의 허물을 용서해 주세요. 행복의 네가지 언어를 복습해 봅니다. 감사의 말로 "고마워요" 하고 사과의 말로 "제 잘못입니다" 해야겠지요. 그리고 칭찬의 말로 "당신이 최고에요" 하며 사랑의 말로 "당신을 사랑해요"라고 말하는 자로 살고싶어요.(2017.5.23역)

(030) 여호와의 기업과 상급

보라 자식들은 여호와의 기업이요 태의 열매는 그의 상급이로다 (시 127:3)

성령님, 지난 주말에는 1박 2일 코스로 저희 가족 세 식구가 모처럼의 가까운 해외 여행을 다녀왔습니다. 두 딸들과 함께 찾은 곳은 바로 기타큐슈 공항이었어요. 그 주변에 있는 수산시장에서의 회덮밥과 생선튀김은 일미였습니다. 이틀 동안에 저희들이 도보로 쇼핑하고 걸었던 분량이 4만보를 초과했다는 사실입니다. 두 자녀들과 함께 고쿠라 성을 중심으로 한 시가지를 돌며 먹고 즐기는 재미가 달달했다고 말씀드리고 싶네요.
성령님! 사실 저는 27년전에 신학교의 졸업여행으로 오사카에 다녀온 이후 처음으로 맞는 가족여행이랍니다. 이젠 제 자신이 두 자녀의 보호와 돌봄을 받는 입장이 되었고, 성금으로 효도하는 딸들의 모습에서 당신의 사랑을 감지했습니다. 역시 노년을 맞는 부모에게 있어서 자식들은 여호와 하나님의 기업이요 상급이 된다는 사실을 깨닫게 됩니다. "네 식탁에 둘러 앉은 자식들은 어린 감람나무 같으리로다"(시 128:3)라는 말씀을 생각하니, 그저 눈물이 나도록 성령 하나님께 감사할 따름입니다. 성령님, 주께서 제게 주신 선물들을 헤아려봅니다. 한도 끝도 없더군요. 무엇보다 사랑하는 딸들을 제게 맡기신 것은 복 중의 복이라 여겨 감사드립니다. 지금도 인상깊었던 추억이 있다면, 넓은 다다미 방이 드리워진 호텔에서의 쾌적한 하룻밤이었어요. 그곳에서의 조식인 낫또 맛 역시 맘에 들었답니다. 성령님! 5월의 하늘만큼이나 청아한 당신의 사랑에 감사를 드립니다. (2017.5.30.화)

2 장

여름(6·7·8)

때가 아직 낮이매 나를 보내신
이의 일을 우리가 하여야
하리라 밤이 오리니
그 때는 아무도
일 할 수
없느니라
—(요9:4)—

(031) 그리스도의 향기

우리는 구원 받는 자들에게나 망하는 자들에게나 하나님 앞에서 그리스도의 향기니 (고후 2:15)

신실하신 은혜의 성령님께 새 달을 맞는 이 아침에 감사의 인사를 전합니다. 벌써 여름이 왔어요. 6월의 첫날이 싱그럽습니다. 길가의 집들 사이로 아름답게 피어난 빨간 장미꽃들이 넝쿨이 되어, 담벼락을 타고 오르는 모습이 얼마나 정겨워 보이는지 모르겠습니다. 저는 종종 발 걸음을 멈추고 서서 향기 짙은 장미꽃을 카메라에 담습니다. 성령님! 저는 이럴때마다 당신의 거룩한 영성을 떠올립니다. 읽고 숯어서요. 시들지도 않고 늙지도 않으며 언제나 동일하신 분!

성령님은 구원받는 자들에게나 망하는 자들에게나 하나님 앞에서 그리스도의 향기가 되십니다. 우리를 선한 청지기의 일꾼으로 삼아 주시지요. 그러므로 생명에 이르는 냄새(고후2:16)를 발하게 하셔서, 사망에 이르는 냄새의 길로 향하는 뭇 영혼의 사람들을 구원하도록 이끌어 주시니 얼마나 감사한지요. 성령님! 주님의 영은 사과맛처럼 달콤하고도 향기롭습니다. 그리스도의 영이신 그 향기를 매 순간 맘음으로, 제게도 풍성한 영성의 그리스도인으로 자리매김 하고픈 소 습니다. 초 여름의 풋풋함이 묻어나는 이 아침에 주의 말씀을 묵상하며, 성령님의 향기를 기다립니다. 기대합니다. (2016. 6. 1. 수)

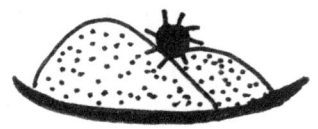 

(032) 생명으로 인도하는 문

생명으로 인도하는 문은 좁고 길이 협착하여 찾는 자가 적음이라 (마 7:14)

성령님! 오늘 하루도 제게 숨 쉬게 하심으로 생명을 이어가게 하시는 은혜가 참으로 감사하지 않을 수가 없습니다. 어제는 첫 여름이 시작되는 6월의 첫 주일 예배를 드렸습니다. 생명으로 인도하는 문이 되는 "좁은문(마7:13)으로 들어가라"는 말씀을 들으며, 제 자신의 삶을 돌이켜 보는 시간이 되었지요. 대개의 경우 이 세상의 많은 사람들은 노후 대책에 관심이 많습니다. 좀 더 넓고 쾌적한 집, 유명한 사람이 되기 위한 몸부림이라 할까요. 손 하나 까딱하지 않고도 노후를 즐길 수 있는 자산가가 되기 위해 안간 힘을 쓰곤 하지요. 저 역시도 그들과 크게 다르지 않다는 느낌을 가져 봅니다. 사후 대책은 별로 안중에도 없이 살아온 것 같아 성령 하나님께 죄스럽기 짝이 없습니다. 며칠 전 까지만 해도 '작은 내 집이라도 한 채 있었으면, 아니 넓고 살기 좋은 전세집에서 살아 보았으면, 돈 걱정, 질병 걱정, 자녀들의 미래 걱정이 사라졌으면' 하는 초조한 마음이 반복적으로 일어나곤 했었답니다. 그러나 이젠 그런 생각들이 부질없는 욕망임을 절실하게 깨닫습니다. 노후대책 보다 영원한 천국에서 보낼 사후대책이 급선무가 됨을 고백합니다.(2016.6.6.월)

(033) 목마른 자에게 물을

나는 목마른 자에게 물을 주며 마른 땅에 시내가 흐르게 하며 나의 영을 네 자손에게, 나의 복을 네 후손에게 부어주리니
(사 44:3)

성령님! 지금도 '북한 전도 위원회' 주최의 수요 헌신 예배의 말씀이 가슴에 남아 있습니다. 탈북자로 귀한 목회자가 되신 여성 목사님의 설교 말씀은, 아직도 북한에 가족이 남아있는 본인의 절박한 심정과 함께, 남한에 살고 있는 삼만 여명의 탈북민들을 향한 영혼 구원의 몸부림 치는 외침이었습니다. 지금도 북한의 지하교회 성도들은 섬사를 무릅쓰고 순교적 절대 신앙을 고수하고 있다 합니다. 성령님, 저는 송 목사님을 통한 북한 주민들의 실상을 간증으로 들으며, 참

으로 제 스스로의 안일함과 연약함에 성령님께 간절한 회개의 용서를 구할 수 밖에 없었습니다. 본래 한 나라, 한 민족이었던 우리 나라가 삼팔선으로 분단된 민족이 되었다는 사실이, 생각만 해도 아픔이 저미어 옴을 부인할 수가 없네요. 현재 중국에도 삼십만 명의 탈북자들이 있고, 육만 명의 자녀들이 숨 죽이며 살고 있다 합니다. '하나 목양교회'의 성도들이 악기를 동원하여 부른 "주님 다시 오실 때까지"의 복음성가는 눈물이요 호소요, 꿈과 소망이었습니다. 성령님! 탈북자들로 형성된 저 교회에 부흥을 주옵소서. 20 가정 이상의 공동체 생활로 훈련받아, 속한 시일에 복음의 통일을 맞는 꿈이 이뤄지게 하소서. (2016.6.16목)

(034) 내가 약한 그 때에

그러므로 내가 그리스도를 위하여 약한 것들과 능욕과 궁핍과 박해와 곤고를 기뻐하노니 이는 내가 약한 그 때에 강함이라 (고후12:10)

부를 수록 정감이 넘쳐나는 그 이름, 성령님이시여! 6월도 벌써 이틀 밖에 남지 않았네요. 여름 휴가로 저의 두 자녀가 남 프랑스로 출발한 지가 벌써 5일째가 되나 봅니다. 성령님, 이 허전한 마음을 당신께 기대어 의지합니다. 든든하게 옆에서 의지했던 딸들의 부재가 어느 정도는 이유가 되기도 하겠지요. 하지만 주변에 마음 아픈자들, 각 종 질병과 암 등으로 슬픔에 잠겨 있는 자들의 호소가 TV를 통해서, 소문을 통해서 제 귓가에 맴돌면, 제게도 아픔이 느껴집니다.

그리고는 힘이 빠지며 허무한 세상에서의 삶이 고달프다는 약한 생각이 저를 더욱 힘들게 하네요. 성령님! 주님이 아니시면 저는 어느 한 곳도 의지할 곳이 없음을 고백합니다. 이 세상은 천정 모래 위에 집을 짓는 것과 같아요. 반석되시는 주님께 집을 짓기 위해, 성령님의 임재 안에서 사는 훈련이 제게는 급선무라 믿습니다. 일평생 질병을 달고 살았던 일본의 여류 작가인 '미우라 아야꼬'를 떠올리면 제가 할 말이 없습니다. 폐결핵, 척추 카리에스, 파킨슨병, 암 등의 숫가지 병을 인생의 벗으로 삼고, 영혼을 살리는 신앙의 글들을 많이 남겨 놓았지요. 그녀가 즐겨 암송한 시구 의 합니다. "아프지 않으면 드리지 못할 기도가 있다." (2016. 6. 28. 화)

(035) 성령의 충만함을 받고

그들이 다 성령의 충만함을 받고 성령이 말하게 하심을 따라 다른 언어들로 말하기를 시작하니라 (행 2:4)

성령님께 먼저 감사, 감사의 인사를 올려 드립니다. 6월의 첫 주일을 맞는 오늘이 바로 '성령강림주일'인 것을 생각하니, 보혜사 성령님이신 당신 앞에 서 있는 제가 진정한 감사의 고백 외에는 도저히 다른 인사를 드릴 수가 없네요. 위임목사님을 통해 받은 '개혁의 변화'라는 주제의 말씀이 지금도 제 심중에 남아 되새김질을 하고 있습니다. 제가 지켜가야 하는 실천사항이 되기 때문이지요. 세가지 핵심적인 변화로 개혁되어야 할 내용을 살펴 보고자 합니다. 첫째, 청각의 변화입니다. 무엇을 어떻게 듣는가 하는 것입니다. 그리고 두번째는 시각의 변화이지요. 상대를 향한 선입견과 편견을 버려야 한다는 거에요. 세번째로 개혁되어야 하는 생활의 지침이 바로 언어의 변화라는 것입니다. 천국방언의 준말을 '미고사축'이라 한다네요. 이 뜻을 풀어 본다면, "미안해요" "고마워요" "사랑해요" "축복해요"라는 네가지의 긍정적인 언어를 말하는 것이지요. 성령님, 저부터 실천해 나갈 덕목이라 여겨, 성령강림 주일인 오늘부터 당신께 제 귀와 눈과 입술을 의탁합니다. 주님의 말씀대로 오직 사도의 가르침을 받아 기도에 힘쓰는(행2:42)주인공으로 살기를 소원합니다. 매 순간 성령충만케 하소서. (2017. 6. 4. 주일)

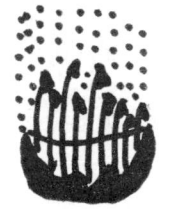  

(036) 주께 범죄하지 아니하려 하여

내가 주께 범죄하지 아니하려 하여
주의 말씀을 내 마음에 두었나이다(시119:11)

성령님, 지금도 제 귓가에서는 지난 수요일의 말씀과 헌신 예배의 특송으로 부른 복음 성가의 가사가 메아리쳐 오는 듯 합니다. "나무는 산과 다투지 않습니다. 물고기는 물과 다투지 않습니다. 달님은 밤과 다투지 않습니다. 좁으면 좁은대로, 넓으면 넓은대로, 낮으면 낮은대로, 깊으면 깊은대로, 주님이 우리와 함께 계심이 감사하기 때문에". 성령 하나님께서는 그리스도 안에서 저를 특별한 존재로 받으셨지요. 교회 안의 새로운 가족공동체로서의 친 자녀로, 저를 인정하고 받아 주셨다는 사실이 얼마나 감사한지요. 주께서 저와 '함께 하신다'(사43:4)

는 말씀이 제게 두려움을 사라지게 한답니다. 저 홀로 남아 있어도 혼자가 아닌 것은, 생명의 주 되시는 당신이 저와 함께 계시기 때문인 것입니다. 성령님, 좋은 교회에 한 가족이 되어 주일과 수요일, 금요밤마다 은혜의 말씀과 찬양, 기도로 예배하게 하심을 감사드립니다. 종말의 때를 맞은 이 험악한 세상에 우리 그리스도인들이 범죄하지 않는 길은, 주의 말씀을 마음속에 두고 실천하는 삶이라고 믿습니다. 성령님! 저 역시도 주님께 범죄하지 않으려고 한 절의 말씀이라도 암송하고 쿼티로 묵상하지만, 항상 부족함을 느낍니다. 그럼에도 불구하고 이른 아침 홀로 골방에 앉아 문을 닫고, 영적 의식의 제 자아속에 당신을 생각하며 조용히 침묵하는 시간이 너무도 좋은걸요.(2017. 6. 16. 금)

내 품에만 있어줘! 내 품에만 있어줘! 내 품에만 있어줘!

(037) 마음의 즐거움

마음의 즐거움은 얼굴을 빛나게 하여도 마음의 근심은 심령을 상하게 하느니라
(잠 15:13)

성령님! 지난 밤에도 평안하셨는지요. 저는 오늘 아침부터 기분이 상쾌하고 자족감이 넘쳐나네요. 제 마음이 즐거워서, 상한 심령에서의 해방된 자유함으로 노래하고 싶어진답니다. 성령님께서는 벌써 아시고 미소지으시네요. 맞습니다. 부족한 제가 어찌 밤낮 주무시거나 졸지도 않으시는 주 여호와, 성령 하나님을 감히 속일 수가 있겠는지요. 여름 휴가차 남프랑스로 여행을 떠난 두 딸들의 얼굴을, 어젯 저녁에 카톡으로 볼수 있었기 때문이 아닌지요. 경치가 아름다운 라벤더 꽃밭에서 보라빛 향기를 맡으며 찍은 자매간의 사진을 바라보니, 제눈이 빛났다는 사실은

숨길 수가 없더군요. 성령님, 당신의 말씀이 생각납니다. "마땅히 행할 길을 아이에게 가르치라"(잠언 22:6)는 계명대로, 두 자녀의 어린시절 때부터 주일성수 신앙교육이 자연스럽게 생활화 된 것이 얼마나 감사한 일인지요. 여행을 즐기는 나머지 주일예배를 안 드릴까 내심 염려했었습니다. 그런데 함께 주일예배도 형편에 맞게 드렸다는 소식을 듣고, 저는 얼마나 기뻤는지 모른답니다. 성령님! 저의 모친께서 저에게 '믿음의 유산'을 상속으로 물려 주셨듯이, 저 역시도 그 소중한 '믿음의 유산'을 두 자녀에게 심어주고 천국 가는 것이, 첫째되는 목표가 됨을 고백합니다. 다른 꿈들은 차선의 계획들이겠지요. 열흘 간의 남프랑스 여행이 주님의 사랑을 만끽하는 추억이 되도록, 제 딸들을 지켜주세요. (2017. 6. 20화)

(038) 성실한 마음의 보고자

내 나이 사십 세에 여호와의 종 모세가 가데스 바네아에서 나를 보내어 이 땅을 정탐하게 하였으므로 내가 성실한 마음으로 그에게 보고하였고 (수 14:7)

은혜의 주 되시는 성령 하나님께 먼저 영광과 찬양, 감사를 올려 드립니다. 올 한 해의 반년을 강건하게 살아왔으니, 이 모든 것이 주님의 은총이 아니고 무엇이겠는지요. 맥추 감사절의 의미를 깨닫게 되는 6월의 끝날이 오늘이네요. 첫 열매 삶의 결실을 감사봉투에 담으면서, 하나님 아버지의 신실하신 사랑과 은혜를 다시 생각하게 됩니다. 엊그제 헌신 예배 때의 말씀이 저의 심령을 노크하네요. 폐결핵의 질병이 세 번째 재발되어 교회를 사임하고, 수많은 연단의 여정을 믿음으로 성실하게 목회해 오신 강사 목사님! 오늘날의 은혜로운 장대교회가 세워지기 까지의 간증과 말씀에, 저는 적지 않은 도전과 감동을 받았습니다. 성령님, 주의 일을 한다는 것 자체가 어떤 의미에서는 자기 자신의 욕심을 죽이는 것이라는 사실을 깨닫게 되었습니다. 저는 하나님이 보시는 성실한 보고자인 갈렙과 같은 주인공으로 살고 싶습니다. 85세의 노년에도 굴하지 않고 헤브론의 기업(수 14:13)을 받는 갈렙 신앙의 충성자로 살고 싶습니다. 현실의 걸림돌이 되는 장애의 상황을 뛰어넘는 용기는, 임마누엘의 신앙으로만 가능한 줄 믿습니다. 제 인생, 성실한 마음의 보고자로 쓰게 하소서. (2017. 6. 30. 금)

(039) 죽고 사는 것

죽고 사는 것이 혀의 힘에 달렸나니 혀를 쓰기 좋아하는 자는 혀의 열매를 먹으리라 (잠 18:21)

　사랑하고 존경하는 주 성령님께 저의 마음을 지면으로 고백할 수 있게 하심을 진심으로 감사드립니다. 어느듯 6월도 지나 하반기로 접어드는 7월의 첫 날이 되었네요. 성령님, 정말 세월이 유수와 같다더니 참 빠르다는 생각이 듭니다. 장마가 시작되는 오늘은 잠언에 기록된 말씀이 떠올랐어요. 사람이 그 입의 열매로 배부르게 되며, 입술에서 나는 것으로 말미암아 만족(잠 18:20)하게 된다는 것이에요. 혀를 쓰기 좋아하는 자는 혀의 열매를 먹게 되기 때문에, 사람의 죽고 사는 것이 혀의 힘에 달렸다는 말씀이 어찌 그리도 공감이 되고 은혜가 되는지요. 한 사람의 긍정적인 말로 사람을 살리고, 부정적 언어의 말로 사람을 죽일 수도 있다는 사실 앞에, 그 어느 누구도 부인할 수 없으리라 믿습니다. 특히 우리 그리스도인은 세상 사람과 다른 착하고 올바른 언어를 사용하는 주인공으로, 이웃에게 참된 본을 보이는 실천자들이 되어야 한다고 말하고 싶어요. 일단 저부터 말이에요. 따뜻한 사랑과 감사의 말이 천냥의 빚도 갚는다고 하잖아요. 성령님! 동물이나 식물들도 "사랑해, 고마워, 아름다워!" 하면 잘 자라고 좋은 열매를 맺는답니다. 혀의 힘이 대단하죠? (2016.7.1.금)

(040) 손을 내밀어 대시며

예수께서 손을 내밀어 그에게 대시며 이르시되 내가 원하노니 깨끗함을 받으라 하시니 즉시 그의 나병이 깨끗하여진지라(마8:3)

신실하시고 자비로우신 우리 주 성령님이시여! 싱그러운 아침마다 제 영혼과 육신을 당신께 의탁합니다. 주님의 말씀 한 절 한 절이 심령에 새겨져 맛있고도 달콤하네요. 진정한 치유는 영적인 회복과 마음의 치유, 육체의 치유가 이루어 질 때가 아닌지요. 그런 의미에서 볼 때 하나님과 화목(욥22:21)하면 모든 일이 형통한다는 사실이 진리이지요. 주님께서는 손수 우리의 치유자가 되셔서, 십자가의 사랑으로 참된 정의를 표현해 주셨음을 제가 믿습니다. 오늘 아침에도 저는 당신의 무한한 생기를 받으며 영혼육의 치유함을 받습니다. 얼마나 감사한지요. 제 입에서는 이내 은혜의 복음성가 가사가 곡조 있는 기도로 자연스럽게 흘러 나오는 것을 막을 길이 없습니다. "주님 만이 내 힘이시며, 오 주님 만이 날 도우시네. 오 나의 주님 내 아버지여, 오 나의 주님, 내 사랑이여". 아! 진실로 성령님의 사랑과 치유하심의 은총을 그 무엇으로도 갚을 길이 없습니다. 저의 눈물과 함께 떨어져 내리는 콧물이 손수건을 적시우며 느끼게 하네요. 하나님의 은혜가 넘쳐나기에 말입니다. 한 여름의 장마가 계속되는 요즘이지만, 성령님과 함께 속삭이는 이 대화는 곧 치유받은 나병환자의 기쁨입니다.(2016.7.6.수)

(애) 머리털은 고불고불 하고

머리는 순금 같고 머리털은 고불 고불 하고 까마귀 같이 검구나 (아 5:11)

조용히 부를 때마다 귀 기울여 들으시는 주 성령님이시여! 저는 오늘에서야 100일 간의 '헤어 미용 훈련 과정'을 마치고 수료증을 받았네요. 400시간의 건 5개월이라는 교육을 받기까지, 성령님께 감사드릴 일들이 너무 많습니다. 어대 전철역 부근의 '헤어 미용 전문학교'로 매일 훈련 받으러 다니던 지금의 때가, 늦도록 잊을수 없는 아름다운 추억으로 남을 것 같습니다. 사람의 머릿결을 어떻게 다듬는가에 따라 그 사람의 인물이나 품위도 달라질 수 있다는 사실을 경험했으니까요.

왼쪽 손가락의 장애로 비록 '국가기술자격시험'엔 응모하지 않았지만, 전반적인 헤어 미용에 관한 이론과 실제의 교육을 받았다는 경험이 제겐 얼마나 큰 도움과 보람이 되었는지 모른답니다. 정성껏 지도해 주신 김 선생님과 팀원들을 못 잊을 것 같습니다. 이 모든 것들이 저를 향하신 성령님의 은혜와 사랑이 아닌지요. 성령님! 어눌하지만 배운 것을 생활에 잘 응용할 것입니다.(딤전 4:15)먼저 제 머릿결을 잘 다듬고 정숙하게 가꾸는 일에 정성을 쏟아야 되겠지요. 오늘 저는 마지막 수업으로 제 머리를 선생님과 반원들에게 맡겼답니다. 짧은 커트 머리에 퍼머까지 받고 나니, 한결 인물이 달라 보이더군요. 앞으로 봉사의 손길도 꼽꼬 있어요(2016.7.19.화)

(042) 나는 선한 목자라

나는 선한 목자라 선한 목자는 양들을 위하여 목숨을 버리거니와 (요 10:11)

"어지신 목자 양 먹이시는 곳 그늘진 바위 옆 시원한데, 나 어찌 떠나서 양 떼를 버리고 위태한 곳 위태한 곳 위태한 곳으로 나 갔던고. 어지신 목자 길 잃어 버린 양 찾도록 찾으며 부르소서."(복음성가:어지선목자) 성령님! 오늘이 바로 중복이랍니다. 마침 생수가 다 소비되어, 땀을 흘리며 편의점에서 멸 두병의 생수를 손 수레로 날랐습니다. 수가성 여인에게 생수를 달라 하셨던 예수님의 말씀이 떠오르더군요. 참으로 물의 소중함을 깨닫게 되는 오늘이라 여겨집니다. 우리 영혼의 생수되시는 주 성령님이시여! 당선이야말로 선한 목자, 어지신 목자이십니다.

이 삼복 더위인 여름에 우리 인체가 요구하는 것이 무엇일까요. 바로 땀으로 배출되는 수분을 채울 시원한 생수가 아닌지요. 이 '어지신 목자'의 복음성가를 부르면 눈물이 나려 합니다. 때때로 주님의 품을 떠나 위태한 곳으로 방황했던 제 모습을 보는 듯 해서요. 길 잃어버린 양이 되어 사막의 길을 치닫는 불쌍한 영혼이 되지 않기를 제가 갈망합니다. 생수 되시는 성령님과 함께 영생 복락 누리며 사는 꿈이 저의 목표합니다. 언제나 생명으로 인도하는 양의 문(요10:7)이 되시는 주여! 그 문으로 들어가고 나오는 자마다 풍성한 꼴의 양식을 채워주시지요. 생명의 선한 목자 되시는 주만 의지하며 사는 저의 일생이 되려합니다.(2016. 7. 27. 수)

(043) 마음을 시원하게 하였으니

그들이 나와 너희 마음을 시원하게 하였으니 그러므로 너희는 이런 사람들을 알아 주라 (고전 16:18)

신실하신 주 성령님이시여! 드디어 한 여름의 중심에 와 있는 7월이 되었습니다. 모든 사람들이 이곳 저곳의 시원한 그늘이나 물가로, 여름 휴가에 맞춰 피서를 즐기러 떠나는 계절이 되었네요. 아무리 에어컨이나 선풍기, 부채를 동원하여 더위 식히기에 분주하다 한들, 우리의 속 깊은 영혼의 불순물들을 청결하게 제거할 수 있는지요. 저는 문득 주님의 말씀을 떠올려 묵상해 봅니다. 사도바울의 편지를 기억합니다. 주의 복음을 위해 섬김여 충성을 보이는 자들을 향해, "나와 너희 마음을 시원케 하였으니"라고 칭찬한 말씀을 읽을 때마다 제 마음도 시원해 지는 느낌을 받습니다. 영혼의 안식을 찾아 누리는 이 평안의 쉼(마 11:28)이야 말로, 주께서 우리에게 주시는 참된 선물이라 믿고 감사드립니다. 영혼과 육신의 전인적 치유가 진정한 행복이요 우리 모두의 소망이 아닌지요. 성령님! 감사하면 원망이 사라지고, 원망이 생기면 감사가 사라진다는 말씀의 의미를 되새겨 봅니다. 제 자신부터 다른 사람의 부족함을 채워주는 자, 그들의 마음을 시원케 해 주는 자로 살고 싶습니다. 더불어 인생여정으로…(2017. 7. 7. 금)

(044) 주님께서 아시나이다

…베드로가 근심하여 이르되 주님 모든것을 아시오매 내가 주님을 사랑하는 줄을 주님께서 아시나이다 예수께서 이르시되 내 양을 먹이라 (요 21:17하)

부르고 또 불러도 지치지 않는 그 이름, 주 성령님이시여! 열대야가 계속되는 폭염의 더위로 7월의 중순에 이른 요즘의 날씨는, 여름 장마와 함께 오락가락합니다. 모든 사람들의 불쾌지수가 상승되기 쉬운 때라 할까요. 남부 지방의 온도가 40도 까지도 올랐다는 오늘의 뉴스를 들었답니다. 한편 저는 당신의 우리를 향한 사랑을 생각하는 기회를 포착하게 되었다고 할까요. 성령님, 아무리 무더운 복 더위라 해도, 주 예수 그리스도의 십자가 은혜의 사랑만 할까요.

영 벌에 처할 수 밖에 없는 우리의 죄악을 구속해 주신 그 사랑의 열기야 말로, 이 세상의 그 무엇과도 감히 비교할 수 없는 아가페의 사랑이 아닌지요. 성령님, 지난 주일 예배 때 받은 말씀이 떠오르네요. 종교개혁 500주년이 되는 올해의 주일설교 말씀은 '개혁'이라는 주제로 제목이 덧붙여 지는데요. '개혁의 목양'이라는 말씀의 본문에 제 마음이 동요되고 있습니다. 시몬 베드로를 향한 예수님의 반복된 세 번의 말씀! "네가 나를 사랑하느냐?" "내가 주님을 사랑하는 줄을 주님께서 아시나이다." "내 양을 먹이라." 성령님, 그 말씀이 곧 제게 주시는 말씀이 됨을 제가 믿습니다. 늘 성령 안에서 기도(엡6:18)하며, 제 삶을 목양으로 개혁하길 소원합니다. 아무 더운 더위도 주님 사랑의 열기와는 상대가 안되죠.(2017.7.14.금)

(045) 항아리에 물을 채우라

예수께서 그들에게 이르시되 항아리에 물을 채우라 하신즉 아귀까지 채우니(요2:7)

"예수님이 말씀하시길 물이 변하여 포도주 됐네.
예수님이 말씀하시길 물이 변하여 포도주 됐네.
예수님 예수님 나에게도 말씀하셔서, 새롭게
새롭게 변화시켜 주소서."

성령님, 어린 시절의 주일학교 때 부르던 어린이 찬송가 가사가 흥얼거려 지는 아침입니다. 어젯밤에 읽은 말씀이 저의 심금을 울려 주네요. 물로 포도주가 되게 하신 예수님의 첫 표적의 역사를 상상해 봅니다. 갈릴리 가나의 혼인잔치 자리에(요2:11) 청함을 받은 예수님과, 그의 모친 마리아, 그 제자들을 생각해 봅니다. 성령님! 그 기적의 역사는 오늘을 사는 우리 믿음의 그리스도인들 모두에게 가능하다는 사실을 믿습니다.

성령님, 제가 간절히 소원하는 것이 무엇인지 주께서는 먼저 아시리라 믿어 의심치 않습니다. 사람의 눈에 보이는 표적의 기적에 앞서서, 하루 하루를 사는 제 마음의 초점이 어떤 것에 집중되어 있는가가 중요하다는 것을 말이에요. 오직 당신만을 향한 순종의 자세로 범사에 감사하는 순수함을 지니고 있는가가 핵심이 아닌지요. 주님께서 분부하시는 말씀대로 오늘을 살아간다면, 이 삶이야 말로 성령 충만한 기적의 삶이라 믿고 감사드립니다. 일이 잘 되든지 잘 안 되든지, 24시간의 하루를 주님과 함께 즐겁게 동행하는 제가 되기를 간절히 열망합니다. 성령님! 저의 빈 항아리에 성령의 생수를 채워 주소서. 생기를 불어주소서. 저도 마리아와 같은 기적의 메신저가 되고 싶습니다. 물 떠온 하인들의 충성을 본 받게 하소서 (2017.7.20목)

(046) 하나님의 형상대로 창조하시고

하나님이 자기 형상 곧 하나님의 형상대로 사람을 창조하시되 남자와 여자를 창조하시고 (창1:27)

성령 하나님! 우리 모든 영혼에 당신의 지문이 묻어 있게 하신 은혜에 감사드립니다. 흙으로 첫 사람 아담을 에덴 동산에서 만드시고 숨을 불어 넣으셨지요. 그리고는 여호와 하나님이 아담에게서 취하신 그 갈빗대로 여자를 만드시고, 아담으로 하와라 이름짓게 하셨지요. 성령님! 무엇보다 우리를 하나님의 형상대로 창조하셨다는 사실에 놀라지 않을 수가 없습니다. 뿐만 아니라 다른 모든 피조물 보다 사람을 가장 높여 주셨지요. 우리로 하나님의 영을 소유하게 하신 은혜가 얼마나 감사한지요. 성령님! 하나님의 지문이 묻은 토기된 우리는 그리스도 안에서 선택된 그릇이 아닌지요. 저로 하여금 구원받은 특별한 존재가 되게 하신 삼위일체 하나님께 경배와 찬양, 영광을 돌립니다. "내가 반드시 너에게 복 주고 복 주며"(히6:14), 번성케 하신다는 그 말씀을 제가 믿고 감사드립니다. 아무리 이 세대가 험하고 악하다 한들, 우리의 성령 안에서의 소망은 영원하리라 믿습니다. 성령님, 저의 삶이 언제나 하나님께 접속된 평안의 삶이 되길 기도합니다. (2017.7.27.목)

(047) 해방의 자유함

이는 그리스도 예수 안에 있는 생명의 성령의 법이 죄와 사망의 법에서 너희를 해방하였음이라 (롬 8:2)

성령님! 해방의 달이라 칭하는 8월이 돌아왔읍니다. 광복절로 지키는 8월 15일을 맞게 될 때면, 저는 어쩐지 자유와 해방의 기쁨을 맛보는 듯한 쾌감을 느낀답니다. 아직도 극심한 더위가 기승을 부리기에, 휴가철을 맞아 많은 사람들이 국내외로 피서를 즐기러 나가나 봅니다. 그러나 저는 요즘에 진정한 피서지가 바로 교회라고 말하고 싶읍니다. 예수 그리스도 안에 사는 우리에겐 죄와 사망의 법에서 해방시켜 주시는 생명의 성령의 법이 계시기에, "진리를 알지니 진리가 너희를 자유롭게 하리라(요8:32)"라고 말씀하신 주님의 자유함을 누리며 살고 있는 것이 아닌지요. 엊그제는 본 교회인 우리 치유하는 교회 주최로 '전국 목사, 사모 초청 치유목회 세미나'를 가졌습니다. 저도 작년에 이어 이번에도 세미나에 참석했지요. 성령님, 얼마나 영육간에 새 힘과 위로를 받았는지 모릅니다. 천국과 같은 황홀감이 넘쳐났다면 과언일까요. 에어컨의 시원한 바람과 함께 맛있는 점심 식사는 일미였지요. 무엇보다도 가장 가치있고 보람된 시간은 역시 복음에 합당한 말씀을 기초로 전하는 세 분 강사님의 명품 강의였습니다. 성령의 감동으로 다가오는 내적 치유 은혜에 눈물의 감사 결단을 가졌습니다. (2016.8.3.4)

(048) 쉴 만한 물가로

그가 나를 푸른 풀밭에 누이시며 쉴 만한 물가로 인도하시는도다 (시 23:2)

성령님과 제가 자주 속삭였던 아침의 대화도 벌써 한 주간이 지나갔나 봅니다. 매 순간 폭염으로 인한 더위가 기승을 부리는 나날입니다. 이런 때는 주님의 인도하시는 푸른 풀밭이 그립고, 쉴 만한 물가로 드리워진 시원한 오솔길이 눈 앞에 어른거리는 것을 부인할 수가 없답니다. 오늘도 36도의 한낮 더위가 뜨거움을 발산시킨다 하니, 저 역시도 생수를 달고 산다 해야 하나요. 마침 냉동실에 저장된 노란 망고 스틱을 자주 꺼내 먹는답니다. 그래도 갈증은 해결이 안 되네요. 마침 당신의 말씀이 떠올랐습니다. "누구든지 목마르거든 내게로 와서 마시라(요7:37)" 정말 저의 타오르는 갈증이 해결되는 듯한 생명의 말씀이었습니다. 성령님이 마시게 하시는 영원한 생수는 저의 영혼과 육신의 모든 갈증을 온전히 만족케 해 주심을 믿습니다. 언제나 쉴 만한 물가로 인도해 주시는 성령님께 무한 감사드립니다. 성령님, 제가 오늘은 독창으로 성령님께 찬송을 불러 드리고 싶습니다. 한 번 들어 보시겠어요? 시작합니다. "목 마른 자들아 다 이리 오라 이 곳에 좋은 샘 흐르도다. 힘 쓰고 애씀이 없을 지라도 이 샘에 오면 다 마시겠네"(2016.8.12.금)

(049) 경기하는 자가 받을 승리의 관

경기하는 자가 법대로 경기하지 아니하면 승리자의 관을 얻지 못할 것이며 (딤후2:5)

제 31회 리우 올림픽 경기가 오늘로 마침표를 찍었다는 사실을 성령님께서도 능히 아시리라 믿습니다. 브라질의 남미 땅 높은 산에 세워진 '예수님 상'의 모습을 자주 보게 되네요. 올림픽 경기가 진행되는 16일간 동안에 많은 아름다운 감동의 물결이 일어났답니다. 아쉬움을 간직하는 남 아메리카 대륙에서의 올림픽 폐회식을 오늘 새벽으로 시청하며, 저는 영적 군사된 경기자로 불리우는 우리 그리스도인들을 생각하지 않을 수 없었습니다. 대한민국이 세계의 8위에 오른 올림픽 경기가 무척 자랑스러웠습니다. 우리나라 선수들 화이팅!

성령님! 늦더위로 치닫는 폭염이었지만, 저는 밤잠을 설치면서도 우리나라 선수들을 응원하기에 바빴답니다. 금메달을 목에 걸고 애국가와 함께 태극기의 깃발이 하늘 높이 드리워 질 때면, 제 눈에선 기쁨의 눈물이 하염없이 흘러 내린답니다. 성령님! 제 자신을 점검해 보는 기회도 되었습니다. 병사로 복무하는 자가 자기 생활에 얽매이지 않는 이유는, "병사로 모집한 자를 기쁘게 하려 함이라"(딤후2:4) 라 하셨지요. 맞습니다. 성령님, 아멘이십니다. 올림픽 경기에서 영광된 승리의 관을 받은 선수들처럼, 저도 주님께 부름받은 십자가 병사니까요. 이젠 뒤를 돌아보는 자가 아닌 앞만을 향해 나아가는 믿음의 승리자로 살겠습니다. (2016. 8. 22.월)

(050) 넘치도록 안겨 주리라

주라 그리하면 너희에게 줄 것이니 곧 후히 되어 누르고 흔들어 넘치도록 하여 너희에게 안겨 주리라…(눅6:38상)

선하시고 자비로우신 우리 아버지 하나님은 저의 위원하신 주 성령님이십니다. 그 어떤 글이나 언어로도 그 사랑의 은혜를 감히 표현할 길이 없습니다. 오늘 특별히 8월의 마지막 날인 31일 새벽을 맞고 보니, 눈시울이 뜨거워 지면서 주체할 수 없는 감동이 일어납니다. 주님의 사랑에 목이 메이려 합니다. 성령님! 올해의 여름은 다른 해와 다르게 커다 긴 폭염 속에서 무더위와 씨름해야 했지요. 이제 한 주 전부터 시원한 가을을 알리는 바람이 조석으로 불어와 얼마나 감사한지요. 더욱 더 감사드릴 일은 제가 오랜 세월 동안에 아껴 소장하고 있었던 성경 주석과 기독 서적들, 기타 일반 서적들을, 이 여름이 다 가기전에 필요한 사람들에게 기증할 수 있게 되었다는 사실입니다. 특히 복지관의 도서실에서 노년의 어르신들이 기뻐하시는 모습에 저 역시도 큰 보람을 느꼈습니다. 700여권의 책을 분리하여 전달하고 나니 제 마음은 든든하고, 주는 자의 기쁨을 갑절로 받아 누릴 수 있어 좋았습니다. 하나님의 말씀은 살았고(히4:12) 활력이 있어, 우리의 혼과 영, 관절, 골수, 마음의 생각과 뜻을 판단하신다니 이보다 더 감사한 일이 어디 있을까요. 성령님! 생각만 해도 채워 주시고 안겨 주시는 당신의 무한한 사랑을 무엇으로 표현할까요. 당신은 진정 저의 영원한 신랑이십니다. 젬 한분으로 저는 만족합니다.(2016.8.31수)

(051) 하나님의 자녀가 되는 권세

영접하는 자 곧 그 이름을 믿는 자들에게는 하나님의 자녀가 되는 권세를 주셨으니(요1:12)

성령님! 벌써 해방의 달이네요. 광복절이 있는 이 달이 저는 너무 좋습니다. 여름의 끝자락을 달리는 막바지 더위이지만, 중순 경만 지나면 조석으로 시원한 공기가 넘나들 테니까요. 성령님, 지난 밤에 읽은 성경 말씀이 아직도 제 심령을 두드리고 있답니다. 하나님의 나라인 천국은 가는 나라가 아니라, 우리의 심령에 찾아 들어 오는 것이라는 진리를 다시 한번 깨닫는 시간이 되었습니다. "사람이 물과 성령으로 나지 아니하면"(요3:5), 하나님 나라에 들어갈 수 없다는 말씀이 떠오릅니다. 우리의 죄악을 위해 끝내 갈보리 언덕에서 십자가에 달리신 그 분, 구세주 되신 예수 그리스도를 우리 심령의 왕으로 영접해 맞이해야 되겠습니다. 하나님의 자녀가 되는 권세를 우리에게 주신 은혜가 얼마나 큰 복인지를, 점점 말씀과 기도를 통하여 알아가게 하시는 성령님께 감사와 영광을 돌립니다. 물과 성령으로 거듭나서 천국의 삶을 매 순간 누려가는 제 자신의 행복한 삶이 되길 소원합니다. 성령님, 이 세상의 모든 사람들의 삶이 3차원의 삶이라면, 우리 그리스도인의 삶은 예수님의 삶을 따르는 4차원 삶의 주인공이라 믿고 감사드립니다. 주께서 주신 권세로 당당하게 살아갈게요. (2017.8.3.목)

(052) 에덴의 동산

여호와 하나님이 동방의 에덴에 동산을 창설하시고 그 지으신 사람을 거기 두시니라 (창 2:8)

사랑하는 주 성령님께 아룁니다. 무더위 여름의 마지막 달인 8월이 되었네요. 첫주일의 3부 예배를 마치고 나서, 식권으로 배식받는 점심 식사는 끝맛이라 해도 과언이 아닐거에요. 성령님! 찬양연습 시간 직전의 짧은 여가를, 저는 본 교회의 6층 옥상에 만들어진 '하늘공원'에서 곧 잘 즐기다가 내려 온답니다. 정원을 관리하는 분들의 정성이 대단하지요. 성령님, 오늘 따라 살포시 다가온 김 권사님과의 함께 한 하늘공원 산책은 행복했습니다.

우리 두 사람은 다정히 앉아 사진도 기념으로 남겼지요. 한 여름의 더위라 하지만 이따금씩 불어오는 바람은, 아름답게 심겨진 꽃들과 나뭇가지들을 춤추게 한답니다. 천국의 에덴동산! 그 곳을 꿈꾸게 하는 그림자라 할까요. 성령님, 참으로 영육간에 강건해지는 곳이 교회라고 여겨 감사드립니다. 저는 여호와 하나님이 에덴동산을 창설하시고, 아담과 하와로 그 곳을 거닐게 하신 말씀을 생각했습니다. "여호와 하나님이 그 땅에서 보기에 아름답고 먹기에 좋은 나무가 나게 하시니"(창2:9)의 말씀이 떠올랐지요. 하늘공원에 심겨진 포도나무와 풋사과 나무에 맺혀질 가을결실의 그 풍성한 때를 기다려 봅니다. 이 힐링의 처소가 좋기만 합니다. (2017.8.6.주일)

(053) 물 가에 심어진 나무

 그는 물 가에 심어진 나무가 그 뿌리를 강변에 뻗치고 더위가 올지라도 두려워하지 아니하며…(렘 17:8상)

 성령님, 어떤 위인의 글이 생각났습니다. "고문 당하는 자가 고문하는 자를 사랑하는것, 이것이 하나님의 사랑이다. 이 사랑이 세상을 이긴다." 또 한 분은 고백하기를 "모든 사람의 삶은 하나님이 쓰신 동화"라고도 했습니다. 이 글의 의미를 곱씹을 수록 깊은 감동에 제 마음을 뭉클하게 하네요. 제법 선선해진 늦 여름의 산책길을 나섰답니다. 비 개인 오후에 푸른 나무들이 산들 산들 춤을 춥니다. 성령님, 제가 살고 있는 빌라에서 가까운 마트로 모처럼 가벼운 쇼핑을 즐기러 나갔지요. 생활 필수품과 저녁식탁

- 120 -

에 내 놓을 부수거리를 장만했습니다. 싱싱한 아채와 물오징어로, 퇴근하여 함께 밥상에 앉게 될 두 딸들을 위해 맛있게 요리하고픈 이 엄마의 마음은 무엇일까요. 성령님, 하나님의 크고 놀라운 사랑의 그림자를, 이 땅의 어머니들에게 모성애로 심어주신 성령 하나님, 곧 당신의 은혜가 아신지요. 성령님, 지난 수요예배 시간에 읽은 말씀이 떠오르네요.'물 가에 심어진 나무'라는 의미가 곧 "여호와를 의뢰하는 그 사람은 복을 받을 것이라" (렘17:7)의 말씀과 상통됨을 발견했습니다. 오직 하나님의 사랑에 감격하여 날마다 말씀과 기도에 순종하는 자의 삶은, 애굽인이 아닌 순전한 가나안인의 삶으로, 항상 물 가에 심어진 나무처럼 잎이 청청하여 결실을 맺게 됨을 믿습니다. (2017.8.17.목)

(054) 네 마음의 소원을 이루리로다

또 여호와를 기뻐하라 그가 네 마음의 소원을 네게 이루어 주시리로다(시37:4)

신실하신 성령 하나님이시여! 폭염의 여름도 오늘로 마무리가 되는 8월의 끝날이 되었네요. 사철의 조화를 이뤄가시는 삼위일체의 성부,성자,성령님께 온 맘 다해 찬양과 영광을 올려 드립니다. 주께서는 우리 신앙의 사람들을 세상이라는 광야교회에 입학시켜 주신 줄 믿습니다. 당신의 나라에 도래하기 까지 성화의 과정을 밟아가는 순례자, 그 천국시민 되기의 훈련생이 바로 제가 아닌지요. 오직 성령님만 바라보며 여호와를 기뻐할 때, 제 마음의 소원을 이루어 주실 줄 확실히 믿어 의심치 않습니다. 위로가 되는 말씀이 또 생각나네요.

"의인의 적은 소유가 악인의 풍부함 보다 낫도다"
(시 37:16) 성령님! 제 안에 있는 부요하지 못하다는 소극적인 나약함을 한 순간에 깨뜨려주시는 생명의 말씀에, 깊은 위로와 감사를 감출 길이 없습니다. 오늘 아침 일찍 기상하여 쿼터로 하루를 시작하면서, 저는 묵상집에 기록된 한 사람의 토막 간증 이야기에 은혜를 받았습니다. 스코틀랜드 출신의 운동 선수인 '에릭 리들'이 그의 누이에게 전해준 고백을 소개할게요. "나는 하나님이 목적을 갖고 나를 만드셨다고 믿어. 하지만 나를 빠르게 만드신 분도 하나님이신 걸. 그리고 내가 뛸 때 그분이 기뻐하시는 것이 느껴져." 성령님, 맞습니다. 제가 이렇게 당신께 대화하는 글쓰기를 기뻐하는 일도 당신이 주신 달란트니까요. (2017.8.31.목)

3 장

가을 (9·10·11)

그러므로 추수하는 주인에게 청하여
추수할 일꾼들을
보내 주소서
하 라
하시니라
—(마 9:37)—

(055) 하나님의 선물

너희는 그 은혜에 의하여 믿음으로 말미암아 구원을 받았으니 이것은 너희에게서 난 것이 아니요 하나님의 선물이라(엡2:8)

이 새벽에 깊은 감동을 안고 성령 하나님께 감사와 찬양, 영광을 올려 드립니다. 어젯밤까지 '영적채움 가을 부흥성회'를 은혜 중에 마치게 하신 주님께 다시 한번 감사를 드립니다. 치유하는 교회의 성도가 된 것이 얼마나 자랑스러운지요. 잔잔한 호수에 던져진 조약돌에 의해 동그라미를 그리며 물살이 일어나듯, 저의 메마른 심령에도 하나님의 선물인 십자가 은혜로 받은 믿음의 확신이 구원의 은총으로 다가왔으니까요. 이 구원은 행위에서(엡2:9) 난 것이 아니기에, 누구든지 자랑하지 못하게 하심이라 하셨지요. '공로에서 은혜로'라는 제목의 말씀이 (눅 15:1~7) 지금도 제 심령의 밭에 뿌려져 새싹을 틔우려 하고 있습니다. 강사님으로 오신 한 목사님의 인자하신 모습 만큼이나, 본문 말씀과 예화는 잘 박힌 못이라 할까요. 우리의 영혼육을 치유하셨습니다. 성령님! 이젠 한 가지 숙제만 남았습니다. 귀한 말씀을 잘 듣고 새겼으니, 생활로 결실이 되도록 지킬 일이 급선무라고 믿습니다. 한 더위도 가고 성큼 다가온 이 9월의 시원한 가을이 당신의 선물임을 감사드립니다. 무엇보다 생명의 특별한 말씀으로 영의 양식을 공급받게 하셨습니다. 이 보다 더 큰 은혜가 어디 있을까요. 성령님! 제 안에 계시되 한 순간이라도 아니 계시면 아니 됩니다. 저는 주님의 은혜로만 숨쉬는 존재이니까요. (2016.9.8.목)

(056) 너희를 위해 싸우시리라
여호와께서 너희를 위하여 싸우시리니
너희는 가만히 있을 지니라 (출 14:14)

신실하시고 자비로우신 하나님 아버지! 온 삼라 만상의 그 어떤 것들 보다도 뛰어나신 분, 거룩하신 성령 하나님의 사랑과 은혜를 감히 이 좁은 저의 입술로는 표현할 길이 없습니다. 왜 이렇게 채워 주시는지요. 광야의 삶이 힘들고 외롭다 하지만, 저의 삶은 주님으로 인하여 형통의 삶으로 변화되어 가고 있다고 해도 과언이 아닐 것입니다. 이런 생활의 기적이 곧 광야의 능력이라고 믿습니다. 지난 금요일 밤의 말씀과 어제 주일 예배의 말씀을 되새겨 봅니다. 그 진리의 말씀이 곧 하나님을 깨달았습니다. 비극적 현실을 극복하는 길은 영의 눈을 떠서 복음을 바로 행함으로 교회를 새롭게 변화시킬 때라는 것, 이스라엘 백성들이 바로 왕의 추격 앞에서 원망했던(출14:11) 불평이 감사로 바뀌어 질 때, 우리 그리스도인들이 행진하는 광야의 삶은, 결코 고난이 아닌 즐거움과 기쁨이 되는 것을 확신합니다. 이럭한 삶이 곧 신랑되시는 예수 그리스도와 함께 하는 삶이기 때문입니다. 현재의 상황이 그대로 놓여 있다 하여도, 성령님, 당신이 느껴지기 때문입니다. 우리와 함께 싸워주시는 성령님이 우리 안에 계시기에, 저를 비롯한 모든 믿음의 사람들은 오직 여호와 하나님만 바라볼 뿐입니다. 가만히, 가만히… (2016.9.19.월)

(057) 장막 칠 곳을 찾으시고

그는 너희보다 먼저 그 길을 가시며 장막칠 곳을 찾으시고 밤에는 불로, 낮에는 구름으로 너희가 갈 길을 지시하신 자이시니라(신1:33)

"여호와는 나의 목자시니 내게 부족함이 없으리로다.(시23:1)"한 다윗은 주님의 은혜를 무엇으로 갚아야 되는지요. 그 크신 사랑을 어떻게 보답할 수 있는지요. 감사의 눈물만이 저의 옷깃을 적십니다. 주 성령님이시여! 찬양과 영광을 온전히 받으옵소서. 신실하신 아버지 하나님께서는 이 한 해의 9월이 가기 전에 저희 가정을 두루 살펴 예비된 곳으로 인도하셨네요. 생각한 것 까지도 헤아려 주시는 성령님의 자상하심에 더 이상 할 말을 잃었습니다. 홍대입구 전철역 주변에서 15년 이상의 세월을 고향처럼 느끼며 살아 왔었지요. 주께서는 우리

가족보다 먼저 장막 칠 곳을 찾으시고, 친히 목자가 되심으로 부족함이 없도록 이사하게 하셨으니까요. 이제까지 분리되어 있었던 성산동과 신정동의 주소지를, 이곳 강서구의 등촌동으로 통합하여 주셨네요. 본 교회와의 거리가 예전보다 20분 정도나 빨라졌습니다. 성령님, 제 마음이 한결 편안해졌답니다. 이삿짐을 어느정도 정리해 놓고, 저는 두 딸들과 함께 가까운 주민센터에 가서 오늘 전입신고를 하고 왔습니다. 새로 신축된 빌라에 전세 대출을 받아 입주하기까지 크고 작은 고생들이 따랐지만, 여호와 이레 되시는 성령 하나님께서 이 모든 일들을 축복으로 감당케 하셨습니다. 성령님! 저희 가족이 성령 충만한 믿음의 주인공들로 세워지기를 소망합니다. 이전 보다 더욱 주님을 사랑하게 하소서. (2016.9.23금)

(058) 여호와께 감사하라

여호와께 감사하라 그는 선하시며 그의 인자하심이 영원함이로다 (시 117:29)

성령 하나님! 벌써 9월의 마지막 날이 되었네요. 한날 한날을 주님의 은혜로 지켜 주시고 감싸주시니, 제가 무엇으로 주님께 보답할는지요.(시 116:12) 저는 주 성령님의 전적인 인도하심으로 살아왔고, 지금의 현재, 앞으로의 미래에도 오직 주님의 은혜로만 살아가는 존재입니다. 설교의 황제라 불리우는 스펄전 목사님은 생전에 늘 감사의 기도를 다음과 같이 드렸다고 하지요. "촛불을 보고 감사하는 자에게 하나님은 전깃불을 주시고, 전깃불을 감사하는 자에게 달빛을 주시고, 달빛을 감사하는 자에게 햇빛을 주시고, 햇빛을 감사하는 자에게 영원토록 사라지지 않는 천국의 영광을 비춰 주신다."
참으로 위대하시며 존귀하신 성령님이시여! 이
불어오는 가을 바람이 얼마나 시원한지요. 새로
이사 온 이곳 마을이 너무 아름답네요. 우람한
나무들이 숲을 이루는 공원이 이곳 저곳에 있고,
멀지 않은 곳에 있는 마트나 편의점 등이 보
임으로, 우리 가족으로 하여금 만족감을 자아
내게 하는군요. 멋지고 사랑스러운 우리의 성
령님이시여, 제 남은 사명은 이전 보다 더욱
당신을 사랑하며 이웃을 사랑하는 일이 아닐
까요. 편하다고 안주하지는 않을 것입니다.
옥상에 올라가 보니 저를 맞이해 주는 화초
들이 바람에 춤을 추고 있네요. 청고추 두세개를
따서 저녁 식탁에 내 놓을까 합니다. (2016.9.30.금)

(059) 그리스도 안에서 한 몸이 되어

이와 같이 우리 많은 사람이 그리스도 안에서 한 몸이 되어 서로 지체가 되었느니라.
(롬 12:5)

무한하신 성령님께 감사의 인사를 올려 드립니다. 성큼 다가온 9월의 아침을 맞이하는 이 순간이, 제겐 더없는 행복이랍니다. 봄, 여름, 가을, 겨울이라는 네 계절을 우리에게 선물로 주신 주님의 사랑에, 눈물이 나도록 벅찬 감동을 느끼는 순간이네요. 성령님! 매주 예배 드리게 되는 수요일과 금요일, 주일예배는 진정 저의 영혼과 육신이 강건해지는 삶의 생기 저장소라 믿습니다. 성령님의 인도하심으로 제가 처유하는 교회에서 은혜생활 한 세월도 적지 않다고 생각합니다. 내년이면 벌써 만 10년이 되는 해가 되니까요. 그저 범사에 감사할 따름입니다. 가을이라는 선물을 주님께 올 해에도 어김없이 받아 누리고 있습니다. 아직도 남아있는 모기들이 있지만, 선선한 바람이 창문으로 들어올 때마다 감미로움을 만끽하여 마신답니다. 성령님, 성령 충만하여 말씀과 기도, 찬송 소리가 넘쳐나는 교회로 부흥되는 교회가 되길 소망합니다. 많은 경우에 우리 그리스도인들 까지도 교회의 근본 의미를 잘못 왜곡하고있지 않나 싶습니다. 교회는 건물 이상이요 그리스도의 몸이며, 우리는 그 몸을 이루는 구성원임을 믿습니다. 그러므로 우리 그리스도인들 각자는 곧 교회인 것이지요. 성령님, 우리에게 한 몸을 이루는 지체로(롬 12:4), 주의 제단에서 연합하여 예배하게 하심을 감사드립니다. 온전히 당신께만 영광돌리는 자녀들로 써 주소서. (2017.9.5.화)

(060) 나는 알파와 오메가요

나는 알파와 오메가요 처음과 마지막이요 시작과 마침이라 (계 22:13)

신실하신 성령님께 올리는 이 아침의 문안인사를 기쁘게 받으소서. 제 남은 소원이 있다면, 주님께서 저를 아시고 사랑해 주시는 것처럼, 저 역시도 주님을 더욱 깊이 알아가며 사랑하는 일이라 여겨 기대하고 있습니다. 그리하여 제 생각이 주님의 생각이 되게 하는 것, 그리고 제 기도가 주님의 뜻과 일치하게 되는 성령충만의 역사를 이루는 숨이 제 진정한 소망이랍니다. 성령님! 하나님께서 우리 모든 사람들에게 주신 가장 귀한 선물이, 바로 숨쉬는 이 '순간', 현재 상태로서의 '지금'이라고 저는 확신합니다.

성령님, 인간의 제한된 유한적 삶에서 힘과 위로가 되는 귀한 성경 말씀을 헤아려 보았습니다. "나는 알파와 오메가요"라는 처음과 마지막, 시작과 마침의 말씀임을 확신합니다. 또한 주님께서는 우리에게 속히 오셔서 그 행한대로 갚아 주신다고 약속하셨지요. 성령님이시여! 저는 간절히 고대하며 기도합니다. 오직 저의 영혼 가득히 "아멘 주 예수여 오시옵소서"(계22:20)의 간구만 감사로 아뢸 뿐이옵니다. 성령님께 다시 고백합니다. 주 예수님만이 제가 살고있는 현재의 지금을 영원한 삶으로 이끌어 주시는 분이십니다. 제 남은 삶을 당신 안에서 겸손히 자신을 낮추며, 주님 대하듯 이웃을 사랑하게 하소서.(2017.9.15.금)

(061) 의인의 열매

의인의 열매는 생명 나무라 지혜로운 자는 사람을 얻느니라 (잠 11:30)

주 하나님의 한량없는 은혜에 감사를 드립니다. 전형적인 가을의 뜨락을 조금 전에 서성이다 들어왔습니다. 하늘은 높고도 맑은데, 살랑이는 바람은 어찌나 시원한지요. 성령님, 오늘 아침엔 본 교회의 위임 목사님을 통하여 전달받은 창세기의 말씀을 쿠퍼로 묵상하는 시간을 가졌습니다. 요셉의 삶을 떠올렸지요. 하나님 앞에서 언제나 형통의 복을 누리는 자, 예수님의 모습을 상징하는 요셉이야 말로 의인의 열매를 풍성히 맺혀가는 주인공이라 믿습니다. 그를 일컬어 '샘 곁의 무성한 가지'라고 부르는 칭호가 아름답습니다. 저 역시도 진정 요셉 같은 복의 근원자로 살고 싶습니다.

성령님, 그렇습니다. 제 자신이 '무엇을 하는 사람, 또는 무엇이 되고 싶다'라는 욕망에 앞서, 주님의 성품을 닮아가는 '어떤 사람이 되겠다'라는 진정한 결심을 조심스럽게 가져봅니다. 또한 모든 사람들 앞에서도 인정받는 착하고 진실된 자가 되고자 기도하며 노력할 것입니다. "주를 기쁘시게 할 것이 무엇인가 시험하여 보라"(엡5:10)의 말씀을 되새겨 봅니다. 성령님께 아룁니다. 육십대 후반기로 접어드는 저의 남은 인생에, 제가 당신께 기쁨을 드릴 것이 무엇인가를 헤아려 봅니다. 주께서 제게 주신 달란트이지요. 글을 써서 책을 선물하려는 문서선교사명! 내년 쯤엔 '영생하도록 솟아나는 샘물이 되리라'란 일곱권째의 책이 진통의 과정을 지나 빛을 발하리라 믿습니다. 주님, 기쁘시지요? (2017.9.20.수)

(062) 너희의 먹을 거리가 되리라

하나님이 이르시되 내가 온 지면의 씨 맺는 모든 채소와 씨 가진 열매 맺는 모든 나무를 너희에게 주노니 너희의 먹을 거리가 되리라(창1:29)

변함없이 신실하신 성령 하나님께 안부 인사 올립니다. 직장의 일터로 두 딸들을 보낸 후, 저는 오늘도 저녁 식탁에 올릴 음식의 메뉴들을 생각하게 되네요. 어떤 날엔 저 혼자 늦은 저녁의 밥상을 맞이하게 되는데, 대충 대충 식사를 하게 된답니다. 그러나 두 자녀에게 공급할 요리를 하게 될 때면, 어디에서 그런 힘과 긍정적인 마음의 즐거움이 생겨 나는지요. 성령님, 이 모든 것의 원천이 당신께서 우리 어머니들에게 주신 모성애 사랑이 아닌지요. 감사, 감사드립니다.

"네가 네 손이 수고한 대로 먹을 것이라 네가 복 되고 형통하리로다"(시 128:2)의 말씀이 떠오르네요. 지나간 한 여름에는 무척이나 무더웠지요. 선풍기를 벗삼아 현미 잡곡밥을 지어놓고, 감자와 호박, 양파와 두부를 넣어 끓인 된장찌개를 완성시키면 땀방울이 송글송글 맺히지만 행복했습니다. 자녀들이 맛있게 잘 먹어주니까요. 성령님, 채소와 과일, 모든 곡식 등의 씨 맺는 열매로 풍성한 먹을 거리를 주신 것에 다시 한 번 감사를 드립니다. 우리 현대인들이 많은 부요 속에서도 갖가지 질병으로 고통당하는 것은 무슨 원인일까 종종 곱씹어 봅니다. 주께서 창세로부터 주신 자연의 원리대로 살지 못함이라 여겨지네요. 오늘도 자녀들과 함께할 식탁의 먹을 거리를 선물로 주신 주 하나님 아버지께 찬양,감사 올립니다. (2017.9.29.금)

(063) 네 그늘이 되시나니

여호와는 너를 지키시는 이시라 여호와께서 네 오른 쪽에서 네 그늘이 되시나니 (시 121:5)

언제나 우리를 눈동자와 같이 지켜 사랑해 주시는 성령님께, 10월을 맞이하는 이 첫날에 감사의 안부 인사를 올려 드립니다. 새집에서 새로 구입한 소파와 탁자를 놓고, 존귀하신 당신께 올리는 이 감사의 글이 어찌나 매끄럽게 잘 써지는지요. 오늘 아침의 공기도 신선하고 풋풋해서 좋습니다. 거실의 창문을 열면 마을 한 가운데의 공원에 심겨진 푸른 나무들이 보이고, 사람 사는 냄새가 사방에서 느껴져 옵니다. 성령님! 이렇게 귀한 대접을 저희 가족이 받아도 되는 것인지요. 저희로 하여금 주님 뜻대로 살며 하나님 사랑과 이웃 사랑의 실천자로 살라는 깊은 뜻이 있으신 줄로 믿습니다. 예. 그렇게 하도록 하겠습니다. "여호와께서 집을 세우지 아니하시면 세우는 자의 수고가 헛되며 (시 127:1)"라고 말씀하셨지요. 아멘! 주님의 말씀은 1%도 헛되지 않음을 믿고 감사드립니다. 주께서 저의 오른쪽에서 저의 그늘이 되시기에, 제가 두려워 할 것이 아무것도 없음을 확신합니다. 제 영혼에 그늘이 되시는 주 성령님이시여! 재삼 고백하지만 저는 주님과 영적으로 교통하는 이 나눔의 순간이, 최상의 행복임을 모든이에게 자랑하고 싶습니다. 저의 주어진 환경이나 여건이 좋고 나쁘고를 떠나, 제 안에 임재하신 성령님과 호흡하고 있기 때문입니다.(2016.10.1.토)

(064) 너희 믿음대로 되라

이에 예수께서 그들의 눈을 만지시며 이르시되 너희 믿음대로 되라 하시니 (마 9:29)

신실하시고 은혜로우신 주 성령님께 문안 인사 올립니다. 이제는 완연한 10월의 중순으로 시작하는 가을의 맑은 아침입니다. 어제 주일 예배를 드리며 받은 말씀이 아직도 제 마음 속에 잔잔한 감동으로 남아 있네요. "너희 믿음대로 되라"는 주제의 본문을 보면, 두 맹인이 예수님을 따르며 소리 질러 외친 내용이 있습니다. "다윗의 자손이여 우리를 불쌍히 여기소서!" 진정 제 자신이 성령님께 기도로 간구하며 부르짖을 사명으로 믿습니다. 적당히 믿지 않게 하소서. 시편(81:10)에서도 "네 입을 크게 열라 내가 채우리라"고 말씀하셨지요. 더위도 사라지고 하늘과 바람, 단풍잎, 온 들판에 오곡백과가 무르익는 이 싱그러운 계절이 너무도 좋습니다. 편안할수록 안일주의에 빠지지 말고, 제 스스로가 더욱 당신께 소리질러 부르짖는 여종으로 살기를 소원합니다. 존 번연도 "올바로 기도하려면 성령의 도우심과 힘을 입어야 한다"고 했습니다. 두 맹인이 끝내 예수님께 외쳐 눈을 뜨게 되는 기적의 역사를 응답의 복으로 받은 사실이 놀랍습니다. 일어서렵니다. 제 자신부터 성령님께 맡기고 기도하렵니다. 저희 가정의 두 자녀들의 장래와 건강, 신실한 믿음을 위해서도 간절한 소원의 간구로 아뢰겠습니다. 아멘! (2016.10.10.월)

(065) 복음 증언의 사명자

…곧 하나님의 은혜의 복음을 증언하는 일을 마치려 함에는 나의 생명조차 조금도 귀한 것으로 여기지 아니하노라
(행 20:24)

성령님께 보고 드릴 일이 생겼습니다. 다 아시고 계신다 하셨나요. 그래도 귀 기울여 주시니 감사합니다. 저는 1박 2일간의 코스로 선교여행을 다녀왔습니다. '기독교 문화유산 탐방'이라는 이름으로 많은 그리스도인들이 찾는 곳! 바로 전남 신안군에 위치한 '증도'라는 섬이지요. 1004개의 섬이 있다 해서 천사의 섬이라고도 불리운다 합니다. 이곳에 고 문준경 전도사님의 순교 기념관이 3년 전에 세워졌다고 하네요. 이 지역 인구의 90%가 복음 전도의 결실을 맺게 되었다는 사실은 기적이 아닐수가 없지요. 그것은 바로 고 문준경 전도사님이 한 알의 밀알이 되어, 북한군의 죽창과 총에 맞아 순교하신 복음증언의 열매였으니까요.

성령님! 이곳 증도가 고향이신 분이 계시답니다. 치유상담 대학원 대학교의 총장님이시며 치유상담 연구원의 원장님이신 정 목사님이십니다. 왜 이름은 안 밝히고 성만 밝혀냐 하셨나요. 제가 어느날 성령님께 약속한 것을 지키기 위함입니다. 현재 생존해 계시는 분들의 석자 이름은 성령님 앞에서 다 알리지 않겠다고 말입니다. 그것은 최고요 최상이 되시는 주 하나님, 주 성령님, 주 예수님의 삼위일체 여호와 하나님만 기리고 영광 돌리기 위함이라 고백합니다. 정 총장님과 함께 보낸 우리 10여명의 원생들에겐, 이 선교여행이 평생에 잊을 수 없는 은혜와 아름다움의 추억으로 남을 것입니다. 오늘 새벽의 숲길 체험, 어린시절에 생활하셨던 원장님의 토담집 생가, 어젯 저녁에 증도의 서산마루에 걸린 붉은 노을은, 석양의 일몰중 가장 빛을 발하는 시편(시 124:6)의 말씀을 떠올리게 했습니다. (2016.10.19 수)

(066) 하나님께 받는 위로

우리의 모든 환난 중에서 우리를 위로하사 우리로 하여금 하나님께 받는 위로로써 모든 환난 중에 있는 자들을 능히 위로하게 하시는 이로다 (고후 1:4)

우리의 성령님, 제 자신의 성령님! 존귀하신 당신의 이름을 이렇게 부를 때면 눈물이 나려 합니다. 왜냐구요? 제가 성령 하나님께 받은 은혜와 사랑이 너무 벅차서이지요. 어젯 저녁 수요예배 때의 말씀은 찬정 제 지난 날의 삶과 현실의 모습을 조명해 주는 말씀이었습니다. 오늘 밤도 제 작은 방의 2층 침대로 짜여진 나무 계단을 오르내리며, 밧단 아람에서 돌 베개 삼아 도망 중에 취침하던 야곱을 생각했습니다. 외로움과 공포, 상처의 주인공인 야곱에게 "내가 널 떠나지 않겠다"

며 위로의 말씀을 주시던 그 벧엘에서의 사닥다리 환상을 잊을 수가 없네요. 성령님! 로뎀나무 아래서 "하나님, 날 죽여 주세요" 하던 엘리야의 심정을 헤아려 봅니다. 그럼에도 불구하고 그를 어루만지시며 떡과 물을 주심으로, 힘있는 삶을 이루게 하셨던 여호와 하나님을 생생하게 기억합니다. 그 신실하신 하나님은 곧 저의 하나님이 되심을 믿습니다. 더우나 제일교회를 담임하신 안 목사님의 '어머니 간증 예화'에 한 순간 저의 어머니가 생각 났습니다. 그러나 부모님이나 부부, 자녀가 주지 못하는 우리 영혼의 빈 공간은, 그 상처와 공허의 자리는 오직 육신의 모습으로 오신 예수 그리스도의 십자가 은혜로만 채워지며, 그 위로(고후1:5)인해 또 다른 사람을 위로할 수 있다는 사실을 깨달았습니다. 성령님께 감사드립니다. (2016.10.27.목)

(067) 영생하도록 솟아나는 샘물이 되리라

내가 주는 물을 마시는 자는 영원히 목마르지 아니하리니 내가 주는 물은 그 속에서 영생하도록 솟아나는 샘물이 되리라 (요 4:14)

"목마른 자들아 다 이리 오라 이 곳에 좋은 샘 흐르도다. 힘쓰고 애씀이 없을지라도 이 샘에 오면 다 마시겠네. 생명수 샘물을 마신자 마다 목 다시 마르지 아니하고 속에서 솟아 생수가 되어 영원히 솟아 늘 풍성하리"
── (찬송가 526장 : 목마른 자들아) ──

신실하신 주 성령님이시여! 한량없으신 주님의 은혜가 제게는 족하기만 합니다. 주님 한 분 만으로 만족해 하는 사도 바울의 고백이 곧 저의 고백이오니, 수가성의 여인처럼 목말라 하는 저의 영혼을 받아 주소서. 이 험악한 세상에 진정 성령님의 영생하도록 솟아나는 샘물을 갈구합니다. 찬송을 부르며 곡조의 기도를 올립니다. 제겐 성령님 밖에 심령의 위로자가 이 땅에 없습니다.

성령님! 어렸을 때의 저는 어머니의 사랑이 최고인 줄 알았습니다. 그리고 반세기 이상의 세월을 살아오면서, 역시 상천하지에 제가 영원히 의지하고 살아갈 최고의 사랑이 당신인 것을 깊이 깨달았습니다. 이 진솔한 고백을 받아 주실 줄 믿고 감사드립니다. "목마른 자들아 물로 나아오라 돈 없는 자도 오라"(사 55:1)는 말씀이, 곧 제게 주시는 위로와 생기 넘치는 말씀임을 고백합니다. 성령님! 엊그제부터 오늘 밤까지 3일 동안 당신의 말씀에 심취하고 있습니다. 이 밤이 새도록 묵상하는 성경 말씀이 어찌 이리도 꿀송이 같은지요. 보혜사 성령님이시여! 한없이 부족한 저를 당신의 것으로 인쳐 받게 해 주셨음이 웬 은혜인지요. 제게 생기를 불어 넣어 주심으로 생령이 되게 하신 주님이여! 제게 생명수 샘물로 성령의 충만함이 넘쳐나게 하소서. 아멘! (2017.10.7.토)

(068) 내 생명의 능력이신 나의 하나님

여호와는 나의 빛이요 나의 구원이시니 내가 누구를 두려워하리요 여호와는 내 생명의 능력이시니 내가 누구를 무서워하리요(시27:1)

성령님, 엊그제 수요예배 드릴 때 아가페 찬양대를 통해 당신께 올린 성가의 곡조와 가사의 내용이 자꾸 되새김이 되는군요. "하나님이여 주는 나의 하나님이시라"(시63:1)의 말씀도 동시에 떠오릅니다. 이 아침에 제가 독창으로 주께 곡조있는 기도를 아뢸까 합니다. "하나님이시여 하나님이시여! 주는 나의 하나님이시로다. 나의 몸과 마음 주를 갈망하며 이제 내가 주께 고백하는 말, 여호와는 나의 빛이요 여호와는 나의 구원이시니, 내가 누구를 두려워하리요. 여호와는 생명의 피난처시니 주의 인자가 생명보다 나으므로 내 입술이 여호와를 찬양하리. 내 평생에 주를 찬양하며 주의 이름으로 내 손 들리라."
성령님, 제 나이 40대때의 어느 주일 날이 생각나네요. 너무도 심적으로 힘들고 두려움이 엄습해 왔던 제 심령을 평안으로 이끌어 준 복음성가가 바로 이 '하나님이시여'란 제목의 찬양이였답니다. 그 때도 지금처럼 '알토' 파트의 성가대에서 이 은혜의 고백을 드렸던 기억이 생생합니다. '생명의 능력'이나 '나의 하나님'이라는 성경 말씀을 제 영혼에 새길 때마다, 저는 온 몸과 마음에 전율을 느끼고 행복감에 취한답니다. 성령님! 아무런 자격이 없는 저를 어찌 이리도 사랑해 주시는지요. 성도의 반열에서 본향의 천국도 예비해 주셨음이 웬 복인지요. (2017.10.13.금)

(069) 하나님은 우리의 피난처시요

하나님은 우리의 피난처시요 힘이시니
환난 중에 만날 큰 도움이시라 (시46:1)

우리의 피난처가 되시는 주 성령님께 문안 인사 드립니다. 전형적인 가을의 중심에 선 10월의 날씨가 너무나 청명하고 아름답습니다. 성령님, 며칠 전에 목장의 목원들과 함께 모처럼 다녀온 하늘 공원 아래의 산책길이 생각나네요. 각자 만들어 온 도시락으로 맛있게 점심을 나누었지요. 주님께서 항상 힘과 피난처가 되어 주시니, 우리는 맑은 공기와 푸른 숲, 시냇물 소리를 들어가며 도란도란 오솔길의 이야기 꽃을 피웠답니다. 사진이 남긴 흔적이 추억의 그리움을 낳게 하겠지요. 머물고 싶은 순간들이 바로 요즘의 날들이라 여겨집니다. 오늘도 저는 창문을 열고 집 앞의 공원과 파아란 하늘을 바라봅니다. "하나님은 우리의 피난처시로다"(시 46:11)의 말씀처럼, **여호와** 하나님은 야곱의 하나님이시요 저의 하나님, 우리 **모두**의 하나님이 되**심**을 믿고 감사드립니다. 이제 이 시원하기만 한 가을도 단풍이 낙엽되어 흙이 되고, 겨울의 찬 바람 속에서 새로운 봄을 기대하겠지요. 우리 인간도 같은 이치라고 믿습니다. 성령님!

중만하신 당신의 품 안에서 숨쉬고, 안전히 거하는 삶이 최상의 행복이라 믿습니다. 분단국가인 우리 나라가 비록 전쟁의 위기 가운데 있다고 하지만, 살아 역사하시는 하나님의 은혜 안에서, 우리는 가까이 더 좋은 때를 기대할 것입니다. (2017.10.19목)

(070) 성령을 받으라

이 말씀을 하시고 그들을 향하사 숨을 내쉬며 이르시되 성령을 받으라(요20:22)

신실하시고 은혜가 넘치시는 성령님께 감사의 고백을 드립니다. 쉽게 잠이 오지 않는 이른 새벽이라 할까요. 이럴 땐 예배 때마다 설교 말씀을 기록해 둔 수첩을 꺼내지요. 그리고는 성경의 본문과 주제를 파악하며 제 영혼의 양식이 되도록 되새김 질을 한답니다. 성령님, 위임 목사님께 받은 성령충만한 생활과 성령충만한 자의 삶에 대하여, 깊은 생각을 하게 되는 계기가 되었답니다. 그리고 가장 먼저는 제 자신이 주님 보시기에 합당한 성령충만한 영성을 지녀야, 생활의 삶도 변화된 결실을 맺는 승리의 나날을 이룰 수 있다는 사실을 절감했습니다. "너희에게 평강이 있을 지어다"(요20:21) 하시며 제자들에게 부활의 모습으로 나타나신 예수님은, 숨을 내쉬며 "성령을 받으라"라고 말씀하셨습니다. 두려워 떨고 있는 그들에게 선포된 주님의 말씀은, 생기와도 같고 생수와도 같은 성령의 충만함으로 새 삶이 시작된 것입니다. 따라서 예수 그리스도의 영적 제자인 우리도 주 예수님의 이름으로 기도하여 성령받고 권능을 받아, 복음 전도의 증인된 삶을 계속 풍성하게 이뤄가리라 믿습니다. 성령님! 아멘이십니다. 과거에 성령충만 했었다고 자만하지 말고, 지금 이 순간에 성령 충만한 제가 되기를 간절히 소원합니다. 온전히 믿고 감사드립니다.(2017.10.23월)

(071) 평안을 너희에게 끼치노니

평안을 너희에게 끼치노니 곧 나의 평안을 너희에게 주노라 (요14:27상)

어느듯 늦가을의 정취가 묻어나는 11월에 성령님께 문안 인사 올립니다. 성령님 저는 지난 9월부터 사람의 심상에서 일어나는 '의식혁명'(데이비드 호킨스)의 교재를 중심으로 학습받게 되었다는 사실에 감사하지 않을 수가 없습니다. 치유상담 연구원의 인턴과정 마지막 과정의 수업을 지도하시는 고 교수님께 매주 화요일 마다 듣게 되는 의식혁명의 강의가, 얼마나 제게는 소중한지 모르겠습니다. 인간에게 주어지는 새로운 힘과 위력, 인간 행동의 숨은 결정자는, 곧 의식의 혁명에서 비롯된다는 사실을 깊이 깨닫게 되는 계기가 되었습니다. 호킨스 박사는 인간의 의식 수준을 1부터 1000까지의 척도로 수치화 한 지표인 '의식지도'를 제시하셨지요. 그는 드디어 세계적인 영적 스승으로 자리매김을 하게 되었다네요. 성령님의 위대하심을 나타내는 그림자의 역할자라 여겨 존경심이 생기네요. 성경 말씀에 기록된 성령님의 감동과 감화가, 곧 인간의 내면에 심어주는 치유의 핵심이 됨을 밝힌 것이지요. 저 역시도 이제부턴 더 높은 상태의 의식을 경험하고 실천하고자 합니다. 성령께서 임재하실 때의 열매(갈5:22)인 사랑과 희락, 화평, 오래참음, 자비, 양선, 충성, 온유, 절제와 같은 결실이, 제 안에 더욱 풍성해 지기를 소원합니다. (2016.11.10.목)

(072) 무너지지 아니하는 집

비가 내리고 창수가 나고 바람이 불어 그 집에 부딪치되 무너지지 아니하나니 이는 주추를 반석위에 놓은 까닭이요. (마 7:25)

　언제나 동일하신 은혜로 감싸주시는 성령님께, 이 밤에도 잠들기 전에 감사의 인사를 올려 드립니다. 제가 간절히 기다리며 기도로 준비하던 아사 심방의 날이 바로 오늘이었거든요. 본 교회의 위임자이신 검 목사님과 2교구 담당의 한 목사님을 비롯한 권사님들께서 저희 가정을 심방해 주셨습니다. 감사의 입주예배는 감동의 은혜였지요. 비록 전세 대출로 마련된 신축 빌라에서의 삶이지만, 모처럼의 월세 생활을 초월한 주님의 선물이었다는 사실을 고백드립니다. 제 기도에 응답하신 주 성령님이시여! 그 깊은 사랑에 눈물만이 옷깃을 적시네요.

오늘 전달받은 귀한 말씀을 되새겨 봅니다. 반석 위에 지은 무너지지 아니하는 집이야 말로 영적인 의미에서 볼 때, 주 성령님과 함께 사는 충만의 삶이라고 자부합니다. 새 집에서 드려지는 예배의 말씀과 찬양, 축복의 기도는 제게 생명수 자체였습니다. 말로만 "주여 주여"하는 자가 아닌 하늘에 계신 아버지의 뜻대로 행하는 자(마 7:21) 만이, 모래 위에 지은 집이 아닌 반석 위에 주추를 놓은 지혜로운 사람이라고 말씀하심을 제가 믿어 의심치 않습니다. 성령님! 이 세상에서의 풍파가 휘몰아쳐 온다 해도 저는 영원하신 당신 안에서 사는 바위 틈 물새라 할까요. 어떠한 광야의 파도도 무섭지 않습니다. 삼위일체 되시는 주님 사랑의 숲에서, 제게 맡겨주신 딸들과 행복의 삶 누릴게요. (2016.11.18 금)

(073) 귀히 쓰는 그릇이 되어

그러므로 누구든지 이런 것에서 자기를 깨끗하게 하면 귀히 쓰는 그릇이 되어 거룩하고 주인의 쓰심에 합당하며 모든 선한 일에 준비함이 되리라 (딤후2:21)

"당신이 나를 일으켜 주신다면, 당신이 나를 붙잡아 주신다면, 지친 내 영혼 힘들 때에도, 괴로운 내 마음 아플 때에도, 고요히 나는 주님을 기다려요. 세상이 나를 눈물 짓게 해도, 저 거친 파도가 나를 삼켜도, 당신이 나를 붙잡아 주신다면, 내가 할 수 있는 것 보다 나아지리라. 저 높이 솟은 산이 되기 보다, 여기 오믐직한 동산이 되리"

성령님, 추수 감사 주일과 함께 드려지는 해피데이 축제 예배는 진정 은혜의 물결이었습니다. 찬양과 간증을 세번 이상 감당하신 성아가 척 집사님께 감사드리며, 주님께 더욱 영광을 올려 드립니다.

어린 시절에 입은 장애로 소아마비의 저는 다리가 된 그였지만, 지팡이를 한 손에 잡고 부르는 천상의 영감어린 찬송은 제 영혼과 모든 성도들의 심금을 울리고도 남았습니다. 그의 삶을 전하는 간증의 고백은 눈물과 감동 자체였습니다. 큰 집에는 금 그릇과 은 그릇, 나무 그릇과 질 그릇 등이 있는데, 귀하게 쓰임 받는 그릇(딤후2:20)이 되려면 자기를 깨끗하게 해야 한다는 말씀에 아멘으로 화답했지요. "사랑하는 성도 여러분! 이런 저도 하나님이 이렇게 쓰시는데, 온전한 몸을 지니신 여러분은 얼마나 소중한 그릇입니까!" 성령님, 맞습니다. 최 집사님의 간절한 외침은 곧 당신의 말씀이 됨을 제가 믿습니다. 아직도 제 귀엔 주께서 그를 통해 전달해 주신 복음성가의 가사가, 이 밤에도 세미하게 들려옵니다. (2016. 11. 20. 주일)

(074) 내 길에 빛이니이다

주의 말씀은 내 발에 등이요 내 길에 빛이니이다 (시 119:105)

"성령님 내 귀를 기울여 주의 말씀 듣게 하소서.
성령님 내 눈 밝히시사 주의 뜻을 보게 하소서.
주여 내 길 밝혀 주소서 참된 비젼 보게 하소서.
성령님 내 입 여시사 주 복음 전하게 하소서.
성령님 내 맘 열어주사 주만 사랑하게 하소서.
주께서 허락하신 이 땅위에 주의뜻 따르게 하소서.
주 명하신 모든 일 행케 하소서. 주님 나라 임할 때까지."

"주의 모든 계명들이 의로우므로 내 혀가 주의 말씀을 노래하리이다"(시 119:172)의 말씀대로, 이 새벽에 제가 주 성령님께 부르는

'비전'의 찬양 성가곡입니다. 이 가사의 말씀대로 살아가는 제가 되기를 소원합니다. 제 혀가 주님 나라 임할 때까지 주의 말씀을 노래하게 하소서. 찬양을 받으시기에 합당하신 주 성령님이시여! 부족한 저를 외면하지 않으시고, 주의 성전에서 찬양대원의 자리에 앉게 해 주셨나이다. 한량없는 그 사랑의 은혜를 감사드리고 또 감사드립니다. 저의 인생볕 귀한 사명 다하기까지 건강 주시고, 당신의 은혜받은 구원과 천국의 소망을 영혼의 입술로 찬양하는 예배자로 살게 하소서. 주일예배와 수요 삼일 예배 때 드려지는 찬양대의 성가가, 성령하나님께 영광이 되소서. (2016.11.30.수)

(075) 내 마음과 영.육체가 안전히 살리로

이러므로 나의 마음이 기쁘고 나의 영도 즐거워 하며 내 육체도 안전히 살리로(시16:9)

"주 품에 품으소서. 능력의 팔로 덮으소서. 거친 파도 날 향해 와도, 주와 함께 날아 오르리. 폭풍 가운데 나의 영혼, 잠잠하게 주를 보리라." 성령님, 은혜의 성가를 부르니 저의 눈시울이 흥건하고 먹먹해 집니다. 당신의 크신 팔과 가슴으로 품은 그 품속이 제겐 최고요 최상의 천국임을 감히 고백합니다. "그가 너로 말미암아 기쁨을 이기지 못하시며"(습3:17)라는 말씀을 묵상할 때마다, 짜릿한 행복감에 제 온 몸과 마음은 하늘을 둥둥 떠다니는 느낌으로 전율합니다. 그 사랑에 항복합니다.

성령님, 어젯 밤의 '전도 세미나'의 말씀이 제 심령을 두드립니다. 원로 장로님의 힘 있는 전도 비결의 간증을 듣고, 얼마나 제 자신이 부끄러움을 느꼈는지요. "보물을 하늘에 쌓아두라"는 말씀이 참 진리임을 믿습니다. "네 보물 있는 그 곳에는 네 마음도 있느니라"는 말씀도 아멘입니다. 그러므로 성령님, 이 세상의 물질이나 명예, 그 어떤 소중한 것 보다도 최고의 보물은, 한 영혼의 구원을 가장 기뻐하시는 당신이 아니신지요. 당신 뜻대로 순종하는 삶이라고 믿습니다. 그렇게 될때 저를 비롯한 모든 그리스도인들의 영혼육은 더욱 성령의 충만으로 강건하여, 안전히 살게 됨을 확신하며 감사드립니다. 아멘! (2017. 11. 9. 목)

(076) 지킬 때와 버릴 때

찾을 때가 있고 잃을 때가 있으며 지킬 때가 있고 버릴 때가 있으며 (전 3:6)

신실하신 하나님 아버지, 전지 전능의 성령 하나님이시여! 이 부족한 제가 살아 역사하시는 당신 앞에서 감히 무슨 생각으로 아뢸 수 있겠는지요. 엊그제 오후에 제가 한 순간 놀라서 당황했던 기억은, 내내 잊혀질 것 같지가 않습니다. 「치유와 회복」이라는 '데이비드 호킨스' 저자의 책을 교재로, 정기적인 모임을 갖는 의서스터디 그룹의 나눔 시간이었지요. 유독 기둥의 자리에 의자를 붙여 앉은 저는, 등과 허리의 편안함 속에서 인생의 '통증과 우울증, 몸무게 줄이기' 등의 주제를 발표했습니다. 바로 그 순간이었습니다. 제 몸이 닿은 기둥과 의자가

공중에 떠 있는 듯 바르르 떨리고 있음을 감지했습니다. 성령님, 그 때 제가 취한 행동을 아셨지요? 저도 모르게 무의식적으로 일어선 것을… 핸드폰의 재난 문자가 심상치 않은 울림으로 들려졌고, 경북 포항 지역에 지진(5.4)이 발생된 사실을 알아차렸습니다. 수도권에 까지 진동을 느꼈으니, 사실상 우리 나라도 지진의 안전지대가 아닌 것을 실감할 수 있었습니다. 참으로 천재지변에 의한 재난의 상황은 오직 천지만물의 창조자요 통치자 되시는 하나님만 다스리실 수 있음을 절감했습니다. 성령님, "하나님의 하시는 일의 시종을 사람으로 측량할 수 없게 하셨도다"(전3:11하)의 말씀이 은혜인 것을 새삼 깨닫는 기회였습니다. 오늘도 뉴스를 시청하면서, 지진으로 인한 수많은 이재민들과 건물들의 파손이 속히 복구되고 회복되기를 성령님께 간구드립니다. 오늘도 제가 숨쉬며 살아있음을 감사드립니다. (2017.11.17.금)

(077) 주는 그리스도시요

시몬 베드로가 대답하여 이르되 주는 그리스도시요 살아계신 하나님의 아들이시니이다(마16:16)

성령님께 문안 인사 드립니다. 벌써 이 늦가을의 11월도 며칠 남지 않았네요. 저는 서리가 오기 전 추수를 하겠다고 옥상으로 올라갔습니다. 올 봄에 심어 가꾸던 고추와 부추, 머위잎들까지 알뜰하게 뜯어왔답니다. 성령님, 내년 봄이면 화분 속의 뿌리에서 또 새싹이 움틀 것을 기대해 봅니다. 그런 의미에서 볼 때 저는 이 해가 저물도록 당신께 어떤 기쁨의 결실을 안겨 드렸는지요. 참으로 제 자신이 부끄럽기 짝이 없습니다. 그럼에도 불구하고 저를 사랑해 주심을 어찌하리요.

성령님, 시몬 베드로의 유명한 고백이 생각나네요. "주는 그리스도시요 살아계신 하나님의 아들이시니이다"의 정답에, "바요나 시몬아 네가 복이 있도다"(마16:17)라고 칭찬하신 주 예수님의 말씀이 은혜로 다가옵니다. 저도 비록 미약하고 부족하지만 당신께 인정받고 칭찬받고 싶으니까요. 성령님, 오늘 수요 밤의 연합 찬양대 헌신예배가 어떠하셨는지요. 저희 '할렐루야' 찬양대에서 당신께 올린 찬양곡은 '나는 주의 자녀'라는 성가였지요. 모든 대원들이 정성껏 암기하여 합창한 찬양의 가사를 몇자 소개해 봅니다. "나는 비록 미약하나, 나는 비록 작더라도, 나는 아네. 주의 자녀로 삼으신 것을... 그 누구도 해치 못해. 주는 나의 목자시니, 난 주의 자녀라." 아멘! 역시 주는 그리스도이십니다. (2017.11.22수)

(078) 복 있는 사람

복 있는 사람은 악인들의 꾀를 따르지 아니하며 죄인들의 길에 서지 아니하며 오만한 자들의 자리에 앉지 아니하고 (시1:1)

성령님께 아룁니다. 매일 새벽의 정해진 시간에 저로하여금 눈을 뜨게 하시고, 호흡과 함께 하루의 일과를 시작하게 하심이 얼마나 큰 복인지요. 침대에서 내려와 책상에 앉습니다. 생수 한 잔을 마십니다. 몸과 마음을 상쾌하게 다스린 후에 성경말씀을 묵상합니다. 기독교 서적으로 말씀의 의미를 되새김질 하지요. 찬양과 기도로 마무리를 할 때 당신께 올리는 주기도문은, 천천히 음식을 씹듯이 고백하며 아멘으로 화답합니다. 영성의 커티시간을 마친 저의 내면은 평화롭고 성령님과 함께하지요. 진정 복 있는 사람이 제 자신이라 여겨 감사드립니다.

성령님, 저는 특히 시편의 말씀을 자주 읽고 음미하는 편입니다. 이 새벽에 읽은 '복 있는 사람'에 대한 말씀도 제게 큰 은혜가 되네요. 선과 악을 분별하여 따를 자리, 서 있을 자리, 앉을 자리를 잘 선택하는 삶의 참 지혜자로 살아가고 싶습니다. "그는 시냇가에 심은 나무가 철을 따라 열매를 맺으며"(시1:3상)의 말씀처럼, 견실된 믿음을 지키되 자신의 경험이나 지식이 아닌, 영의 생수되시는 하나님의 말씀만을 준행하는 다윗 시인의 삶을 본받고 싶습니다. 성령님, 지난 금요 기도회 때 은혜를 끼치고 가신 부부선교사님이 갑자기 생각나네요. 우상의 악조건 속에서도 일본의 복음화를 위해 25년여 선교사역으로, 말씀과 찬양에 늘 헌신하시는 박선교사님, 임선교사님이 존경스럽습니다. 참으로 복 있는 목회자의 주인공들이십니다. '잔잔하여졌더라'의 특송이 메아리쳐오네요. (2017.11.29.수)

4 장

겨울 (12·1·2)

겨울도 지나고 비도 그쳤고,
지면에는 꽃이 피고
새가 노래할 때가
이르렀는데 비둘기의
소리가 우리땅에
들리는구나
— (아 2 : 11~12) —

(079) 내 말이 너희 안에 거하면

너희가 내 안에 거하고 내 말이 너희 안에 거하면 무엇이든지 원하는 대로 구하라 그리하면 이루리라 (요 15:7)

신실하시고 위대하신 주 성령님이시여! 성탄의 달로 시작되는 12월의 첫 날에 당신께 감사의 인사를 올립니다. 보혜사(요15:26)되시는 진리의 성령께서 예수 그리스도를 증언해 주신다는 사실을 제가 믿습니다. 오늘 새벽에는 치유원에서 함께 생활했던 사모님에게서 선물 받은 데이비드 호킨스의 저서 '의식 수준을 넘어서'란 책을 정독했습니다. 저자의 자전적 기록인 이 책의 마무리 단계에서, 저는 당신의 말씀이 생각났습니다.

"천국과 지옥을 번갈아 오가는 것이 견딜 수 없어질 때, 존재 자체에 대한 욕망은 내 맡겨져야 합니다." 이 고백을 음미하며, 저는 주님께서 포도나무의 비유 말씀으로 응답해 주신 영적인 진리를 깨달을 수 있었습니다. 성령님, 주님의 말씀이 제 심령 안에 거할 때 제가 구하는 대로 열매 맺게 됨을 믿습니다. 또한 주 성령님 안에 제가 거할 때 원하는 대로 이루어질 줄을 제가 믿습니다. 이제는 저의 낮은 단계로서의 의식을, 영적인 높은 단계의 의식으로 덧입혀 가는 성령 충만의 존재로 살아가기를 갈망합니다. 임마누엘의 은총으로 이 성탄의 달에 임재하소서. (아멘) (2016. 12. 1. 목)

(080) 범사에 감사하라

범사에 감사하라 이것이 그리스도 예수 안에서 너희를 향하신 하나님의 뜻이니라
(살전 5:18)

아무리 부르고 또 불러도 지치지 않는 그 이름이 제겐 있답니다. 바로 성령 하나님! 삼위일체 되시는 성부와 성자, 성령님이 아니신지요. 그 주님을 생각만 해도 가슴이 두근거립니다. 마음이 설레입니다. 파도같은 감동이 솟구쳐 이내 기쁨의 눈물로 흘려내릴 때가 있습니다. 성령님, 어제 저는 크리스챤 치유 상담원 인턴과정의 15회를 맞는 졸업생으로, 영예로운 졸업을 하게 되었답니다. 존경하는 정 총장님의 졸업 축하의 말씀이 마음에 새겨졌고, 축가와 축사도 심금을 울렸습니다.

이젠 졸업과 함께 주님의 참 제자가 되어 교회와 이웃을 위해 섬겨야 한다는 사명감도 다져가고 있습니다. 성령님, 거의 10여년 가까이로 이 전당에서 일반과정과 전문과정, 인턴과정의 치유상담 수업을 받았습니다. 이론과 실제적 영성수련의 깊이를 더해 가면서, 제 안의 내면 아이는 많이오 자유함을 입었습니다. 그동안 위기 속에서도 중단치 않고 잘 마무리 할 수 있게 된 것은 성령님께 먼저 감사하지 않을 수가 없습니다. 일마다 때마다 주의 말씀으로 위로하시며, "범사에 감사하라"고 지원해 주신 분이 성령님이셨으니까요. 온갖 삶의 희비 속에서도 제가 평안히 눕고 자며,(시 4:8) 이렇게 새로운 아침을 맞아 눈뜨게 하심을 무한 감사드려요.(2016.12.6.북)

(081) 마음으로부터 용서하지 아니하면

너희가 각각 마음으로부터 형제를 용서하지 아니하면 나의 하늘 아버지께서도 너희에게 이와 같이 하시리라 (마 18:35)

신실하시고 자비로우신 우리의 아버지 되시는 성령 하나님이시여! 어찌하오리까. 제 마음이 답답합니다. 아마도 우리 대한민국의 국민들 마음도 마찬가지가 아닌지요. 제가 자세히 말씀드려 보고하지 않아도 주 성령님은 일찍부터 의히 알고 계심을 믿습니다. "내가 너를 불쌍히 여김과 같이(마 18:33)"라는 말씀과 "너희가 각각 마음으로부터 형제를 용서하지 아니하면(마 18:35)"의 말씀을 묵상하면, 함부로 이웃의 형제자매에 대해서 정죄할 수 없다는 두려움의 말씀으로 받아야 마땅하다고 믿습니다. 주여, 이 민족을 불쌍히 여기소서. 그리고 우리의 잘못된 혀의 놀림과 상대방에 대한 무분별적인 공갈협박, 정죄의식의 언어와 마음가짐의 것들을 고쳐 주옵소서. 먼저 저의 죄과를 실토하오니 주 보혈의 은총으로 저의 죄악을 사하여 주옵소서. 날마다 깨어 이 민족과 대통령을 위해 기도하지 못했습니다. 정치가들을 비판하기에 앞서 저들을 위해 기도했어야 했습니다. 언제나 긍휼의 사랑으로 이 민족의 아픔을 헤아려 주시는 주님께 소원하오니, 하루 속히 남한과 북한이 복음으로 통일화기를 소원합니다. 이 혼란의 바람이 지나, 새해의 순풍이 불어오길 고대합니다.(2016.12.13.화)

(082) 나의 힘이 되신 여호와여

나의 힘이 되신 여호와여 내가 주를 사랑하나이다 (시 18:1)

사랑하는 성령님, 벌써 성탄 주일도 지나고 나니 2016년의 해도 4일 밖에 남지 않았네요. 바람처럼 스쳐가는 세월 앞에서, 그 누구도 장담할 수 없는 인간적인 한계의 무상함을 절절이 느끼게 됩니다. 그런 의미에서 볼 때 저와 우리 모두는 창조주 되시는 전지 전능의 여호와 하나님이신 성령 하나님을 더 의지하고, 매 순간마다 주 안에서 새 힘을 공급받아 사는 지혜를 습득해 나가야 하지 않겠는지요. 오늘 낮에 저는 놀라운 소식을 들었습니다. 100세가 된 일본의 여류 시인의 시집인 '약해지지 마'가 출판되어, 온 일본 열도의 사람들을 신선한 충격으로 몰아치고 있다는 뉴스에, 저 역시도 적지않은 감동을 받았답니다. 나이탓만 하고 불평했던 저의 양심에 부끄러움을 감출수가 없었습니다. 현재 숨쉬며 살아있음이 감사하고, 아침 햇살과 산들바람, 푸른 초목이나 잡초들, 형형색색의 크고 작은 화초들을 대하며, 삶의 용기와 새 힘을 부여 받는다는 시커의 글을 외우면서, 저는 제 자신을 겸손히 돌아보는 계기가 되었답니다. 성령님, 제 안에 성령님이 계시기에 그 힘에 의지해서 오늘도 살아갈 새 힘을 받습니다. 성령 충만의 힘! 그 능력만이 저의 재산이요, 영육간의 건강을 책임지는 보험이됨을 믿습니다. 인간의 힘과 능력이 아닌(슥4:6)당신의 영으로만 저는 살아갑니다.(2016.12.27화)

(083) 여호와 이레

 아브라함이 그 땅 이름을 여호와 이레라 하였으므로 오늘 날 까지 사람들이 이르기를 여호와의 산에서 준비되리라 하더라(창22:14)

 "내 인생 여정 끝내어 강 건너 언덕 이를 때, 하늘문 향해 말하리 예수 인도 하셨네. 매월 발 걸음마다 예수 인도하셨네. 나의 무거운 짐을 모두 벗고 하는 말.예수 인도 하셨네"

 구주 강림절이 시작되는 이 12월의 첫주에 삼위일체가 되시는 여호와 하나님께 감사로 문안 인사를 올립니다. '예수 인도 하셨네'라는 복음성가를 당신께 곡조있는 기도로 찬양합니다. 올 한 해도 제 모든 것을 지켜 인도해 주신 성령님의 은혜를 생각하니 눈물이 납니다.

성령님, '여호와께서 준비해 주심'의 의미를 지닌 '여호와 이레'의 은총을 마음 깊이 새겨 봅니다.
아브라함의 독자 이삭을 모리아 땅의 산에서 번제로 기쁘게 받으시고 살리신 은혜, 주 예수 그리스도를 이 땅에 보내시고, 십자가와 부활, 재림의 과정으로 우리를 죄에서 구원하시는 완전한 사랑에, 제가 감히 어떤 표현으로 감사드려야 되는지요. 살아 역사하시는 성령 하나님께 영광돌립니다. 이 세상에서의 고난이 어찌 장차 나타날 영광과 비교가(롬8:18)가 되겠는지요. 임마누엘로 오시는 이 성탄의 달을 복되고 기쁘게 맞이합니다. 성령님, 머지 않아 돌아갈 본향의 시온산이 떠오릅니다. 6개월 후의 내년 여름으로 예약된, 저희 가족의 여행지인 스위스의 아름다운 알프스 산이 기대됩니다. 그 산의 최고 정상은 저희 아버지 하나님이십니다. (2017.12.5.화)

(084) 우리도 서로 사랑하는 것이

 사랑하는 자들아 하나님이 이같이 우리를 사랑하셨은즉 우리도 서로 사랑하는것이 마땅하도다 (요일 4:11)

 사랑하고 사랑하는 성령 하나님이시여! 저를 위한 당신의 사랑을 어찌하오리까. 우리를 위한 그 은혜를 갚을 길이 없습니다. 어린 시절에 맞는 크리스마스 때엔 선물 받는 기쁨에 그저 즐겁기만 했지요. 그런데 제 나이가 육십대의 중반을 넘기고 보니, 이제 철이 조금 들었는가 봅니다. 기쁘고 즐거운 마음 깊이에 자리잡은 이 무거운 감동의 기운이 무엇일까요. 바로 구세주인 아기 예수로 이 땅에 태어나신 분이, 끝내는 영벌에 처할 우리의 죄악을 대신하는 십자가를 지셨다는 사실을 생각하니, 감동의 눈물이 저절로 흘러내려 네요. 아니 구원받은 우리가 새 생명으로 거듭 받아, 천국에서 영생하는 길을 열어주셨습니다. 삼일 만에 부활하시고 승천하심으로 보혜사 성령님을 임재하게 하신 주님, 앞으로 재림의 구주로 오실 주 예수 그리스도시여! 당신은 만왕의 왕이십니다. 육신을 입고 오신 주 하나님이십니다. 오늘 따라 당신께 바칠 저의 노래 '사랑의 손길' 을 들어주세요. 우릴 먼저 사랑하신(요일4:19)주님이시여. "나를 위해 오신 주님, 나의 죄를 위하여서, 유대 병정 들에게 잡히시던 그 날 밤에, 아무런 말도 없이, 우리에게 사랑을 보여주신 주님예수. 십자가를 지셨네. 그러나 언젠가 주님을 부인하며 원망하고 있을 때에, 나에게 오셔서 사랑의 손길로 어루만지셨네. 거절할 수 없어 외면할 수 없어 주님의 두 손을 잡았었고, 주님의 사랑에 뜨거운 눈물을 흘리고야 말았다네".(2017. 12. 12. 화)

(085) 하나님 구주 예수 그리스도의 영광이

복스러운 소망과 우리의 크신 하나님 구주 예수 그리스도의 영광이 나타나심을 기다리게 하셨으니(딛2:13)

신이 인간이 되신 분은 여호와 성령 하나님, 당신 밖에 없습니다. 아기 예수로 오신 구세주의 영광을 경배하는 감사의 예배를 드린지도 벌써 하루가 지났네요. 하지만 아제 저는 세월이 갈 수록 이 성탄의 깊은 의미를 되새기며 살려합니다. "그가 우리를 대신하여 자신을 주심은 모든 불법에서 우리를 속량하시고"(딛2:14)의 말씀처럼, 영벌의 멸망길에서 천국 백성으로 탈출시켜는 속량의 은혜를 받은 재가 아닌지요. 그 사랑을 갚을 길이 없네요.

위임 목사님께 들렸던 네 번째 동방박사 예화가 다시 제 심금을 울립니다. 성령님! 이 한 해도 며칠 안 남았습니다. 주님께 온전히 충성하지도 못한 채 말이에요. "지극히 작은 형제에게 한 것이 곧 내게 한 것이라"라고 하신 말씀이 생각납니다. 이웃 사랑의 실천도 너무나 미흡했네요. 성령님, '도널드 반 하우스'의 말이 떠오르네요. "위로 향한 사랑은 예배이고, 밖으로 향한 사랑은 애정이며, 아래로 구부린 사랑은 은혜라." 그렇습니다. 당신이 손수 우릴 위해 몸을 굽혀, 겸손한 아기의 모습으로 이 세상에 오셨습니다. 그 겸손을 본받게 하소서. 임마누엘의 은총이 영원하리이다. 아멘. (2017.12.26화)

(086) 먼저 그의 나라와 의를 구하라

그런즉 너희는 먼저 그의 나라와 그의 의를 구하라 그리하면 이 모든 것을 너희에게 더하시리라 (마6:33)

성령님 성령님, 언제 불러도 지치지 않는 주 성령님의 이름이 제겐 보배요 부요함의 원천이 되십니다. 벌써 성령님과 교제한 기간도 내년 2월이면 2년이 되어 가는 것 같습니다. 성령님과 영혼을 담아내는 글과의 기도 대화도, 올 한 해로는 오늘이 마지막이라 여겨집니다. 제 행복이 바로 성령님과의 이 사랑스런 교제라 믿고, 죄상의 대를 맞고 있는 제가 만족스럽습니다. 그 조신삼위 일체의 하나님께 감사와 영광을 돌려드립니다.

조용히 한 해를 돌아봅니다. 그리고는 성령님의 임재하심을 사모하며, 복음 성가의 가사를 음미해 봅니다. 제게는 얼마나 소중한 찬양인지요.
"하늘의 문을 여소서 이곳을 주목하소서 주를 향한 노래가 꺼지지 않으니 하늘을 열고 보소서. 이 곳에 임재 하소서 주님을 기다립니다 기도의 향기가 하늘에 닿으니 주여 임재하여 주소서. 이 곳에 오셔서 이 곳에 앉으소서 이곳에서 드리는 예배를 받으소서. 주님의 이름이 주님의 이름만이 오직 주의 이름만 이곳에 있습니다."
성령님, 그렇습니다. 교회에서의 예배 드릴때나 집에 있을 때, 제가 어디에 있든지, 주님의 나라와 의를 구하는 거룩의 삶이 되기를 소망합니다. 당신의 임재를 갈망합니다. 성령님과 함께 하는 보물이 담긴 그 곳의 마음(마6:21)만을 온전히 간직하겠습니다. (2017.12.28.목)

(087) 스스로 속이지 말라

 스스로 속이지 말라 하나님은 업신여김을 받지 아니하시나니 사람이 무엇으로 심든지 그대로 거두리라 (갈 6:7)

 성령님, 새해가 밝았습니다. 신년 인사를 지면으로 처음 드리게 되는군요. 올 한 해도 성령님과 함께 매일 매일 다정하게 대화하며 힘차게 살아갈 결심을 갖게 되네요. 저희 본 교회인 치유하는 교회에 '신년축복성회'를, 오늘까지 개최하게 하신 은혜를 무한 감사 드립니다. 목포 사랑의 교회를 담임하고 계시는 백 목사님을 강사로 모셨답니다. 구수한 사투리로 유머와 핵심의 복음적 말씀을 청중에게 전달하시는 진정성에, 저 역시도 얼마나 많이 웃고도 울었는지 모른답니다. 진정한 회복의 열쇠는 자신의 숨겨 온 죄성을 돌이켜 부르짖는 절절한 회개의 기도로부터 시작된다는 것, 그러므로 회복의 씨앗은 무엇보다 자기 자신을 스스로 속이지 않는다는 것, 다시 말해서 '내가 바르고 옳다' 라는 생각에서 벗어나야 된다는 의미이지요. 성령님! 저는 이 말씀에 큰 은혜를 받았습니다. 제 자신이 순간순간의 삶 속에서 제 자신을 많이도 합리화 시켰다는 생각에, 오직 주의 말씀으로 자신을 지켜 나가는 지혜로운 자가 되기를 소망하고 있습니다. 응답에 이르는 기도제목을 목표로 삼고, 작정기도를 실천하기로 했습니다. 성령을 위해 심어 영생을 거두는(갈6:8) 저의 남은 삶이 되도록, 성령님께서 저의 갈 길을 인도해 주세요. 장사 목사님의 어머니를 향한 간증은 곧 제 어머니의 삶과도 흡사 했습니다. 이제 바른 믿음의 증인으로 살기를 결단합니다. (2017.1.4.수)

(088) 말에 실수가 없는 자

 우리가 다 실수가 많으니 만일 말에 실수가 없는 자라면 곧 온전한 사람이라 능히 온 몸도 굴레 씌우리라 (약3:2)

 보혜사 성령님께 안부 인사 드립니다. 새해도 벌써 1월 중순으로 접어 들었네요. 지난 주일 예배 시간에 위임 목사님께 전달받은 '개혁은 나로부터'라는 큰 주제의 말씀이 잊혀지질 않네요. 개혁의 위기 시대에서 살고 있는 우리 그리스도인들이 말세지말의 이 때를 살아가면서, 지켜야 할 세가지의 생활지침이었지요. 자아사명을 다시 재 확인받는 기회가 되었다고나 할까요. 방심치 말고 기도하는 일, 은혜로운 말과 글의 표현, 어떠한 허물도 덮어주며 사랑하는 일, 이 중에서 특히 감동받은 내용은 말과 글에 대한 교훈의 말씀이었습니다. 말에 실수가 없는 자가 온전한 사람이라 한다면, 혀는 곧 불이요 불의의 세계(약3:6)라고 야고보서에 기록되어 있지요. 그런 의미에서 볼때, 우리가 매 순간마다 자신의 생각을 전하는 말, 또는 글을 쓰는 경우에 있어서, 먼저 지켜져야 할 다섯가지를 명심해야 한다는 것이지요. 성령님, 제가 오늘 받은 말씀의 핵심을 순서대로 나열해 볼까 합니다. 첫째, 내 말이나 글이 주관적인가 객관적인가? 둘째, 상대방에게 상처를 주지는 않는가? 셋째, 덕이 되고 은혜가 되는가? 넷째, 복음 전도에 도움이 되는가? 다섯째, 그 말이나 글이 진정 하나님께 영광을 돌리는가? 성령님, 맞습니다. "사람의 말 한 마디가 천냥의 빚도 갚는다"라는 속담도 있잖아요. 이 말 많은 세상에 제 자신이 먼저 말에 실수가 적은 자로 살고 싶습니다. (2017.1.11.수)

(089) 생기를 불어 넣으시니

여호와 하나님이 땅의 흙으로 사람을 지으시고 생기를 그 코에 불어 넣으시니 사람이 생령이 되니라 (창 2:7)

성령님! 참으로 제겐 지난 수요예배가 눈물과 감격의 시간이었습니다. 복음 성가의 가사가 어쩌면 제 마음을 그렇게도 울리는지요. 새해가 되었어도 이 나라의 탄핵 정국이 마무리 되지 않아서인지요. 아무튼 구별된 언행의 삶을 살아가야 할 우리 그리스도인들 까지도 사회 언론과 여론에 휘말려 좌우로 치우치는 삶을 보이고 있네요. 성령님, 저부터 회개합니다. 이 민족의 안녕과 평화를 위한 기도가 부족했음을 고백합니다. 오직 예수뿐이라는 주제의 가사를 낭송할테니 한번 들어보세요.

"은혜 아니면 살아갈 수가 없네. 호흡마저도 다

주의 것이니, 세상 평안과 위로 내게 없어도,
예수, 오직 예수 뿐이네. 크신 계획 다 볼 수도 없고,
주께 묶인 나의 모든 삶, 버티고 견디게 하시네.
은혜 아니면 살아갈 수가 없네. 예수, 오직예수뿐이네."
성령님, 어떻게 들으셨는지요. 이 성가를 선별하여
지휘하신 아가페 찬양대의 전 지휘자님의 모습이 오
늘따라 아름답게 보였습니다. 온갖 질병들이 가족의
마음을 상하게 하고, 이웃간의 불신과 사회 부패가
우리를 움츠리게 하는 세상에서 우리가 살아가고
있네요. 성령 하나님! 그 생기를 우리 코에 불
어 넣으심으로 생령이 되어, 지금 이 순간도 제
가 호흡하며 숨쉬고 있네요. 그렇기 때문에 이
복음 성가의 곡조와 가사가 저를 울렸나 봅니다.
어제나 오늘, 영원토록 동일하신(히13:8) 주께 감사드립니다. (2017. 1. 18 수)

(090) 여호와의 집에 영원히

내 평생에 선하심과 인자하심이 반드시 나를 따르리니 내가 여호와의 집에 영원히 살리로다(시 23:6)

"주 예수님은 선한 목자 되시니 나 부족함이 전혀 없어라. 푸른 초장과 맑은 시냇가로 언제나 나를 인도하신다. 주의 크신 은혜와 사랑으로 언제나 나를 지켜주시니, 나 항상 오래토록 주와 함께 영원토록 주의 집에 거하리라. 주의 십자가 큰 보혈로서 언제나 나를 덮어 주시니, 나 항상 오래토록 주와 함께 영원토록 주의 집에 거하리라" 성령님! 아일랜드의 민요인 '아! 목동아'란 가곡을 아시겠지요. 그 곡조에 시편 23편의 다윗이 지은 시를 맞춰서 부른 찬양곡입니다. 제가 곡조였는 기도로 성령님께 아뢰는 시간입니다. 누구의 작품인지를 아시고 계시군요. 예. 맞습니다.
 지난 해 12월에 있었던 치유상담 연구원의 모든 과정을 마치는 졸업식에서의 제 심정을 잠시 소개하려 합니다. 해맑은 영성의 목소리로 은혜의 찬양을 축가에 실어, 독창으로 감동케 하시는 임 교수님! 그리고 바늘과 실처럼 그 옆에서 피아노로 연주하시는 아내 김교수님의 모습은, 아름다운 호수를 가로지르는 백조 한쌍과 같았답니다. 성령님, 그런데 마첨 제가 이사 온 곳 마을의 문화센터에서, 그 부부 교수님을 만났지 뭐에요. 드디어 저는 잠시 동안이라도 '힐링 명곡교실'의 회원으로 가곡을 배울 수 있게 되었습니다. 제 소원의 기도(시18:6)에 응답해 주신 성령님께, 무한 감사와 영광을 돌립니다.(2017.1.25.수)

(091) 내가 하나님을 대신하리이까

요셉이 그들에게 이르되 두려워하지 마소서 내가 하나님을 대신하리이까 (창50:19)

신실하시고 은혜로우신 성 삼위 하나님께 영광과 감사를 올려 드립니다. 2018년도의 새해를 제가 선물로 받았네요. 지난 한 해 동안도 너무나 주 성령님께 근심을 많이도 안겨 드렸는데 말이에요. 그럼에도 불구하고 저를 이렇게 사랑해 주시네요. 감싸 안아 용서해 주시되 허물까지도 사랑하시는 무조건적인 아가페의 사랑에, 저는 감히 할 말을 잃고 놀랄 뿐임을 고백합니다. 뿐만 아니라 송구영신 예배를 통하여 영혼과 육신이 잘 되는 비결을 알게 하시고,(요삼1:2)

신년 축복 성회까지 개최하게 하심으로 3월 동안 큰 감동과 은혜를 받게 하였습니다. 강사님으로 오신 손 목사님의 시간 시간 전하는 말씀에, 모든 성도들과 저는 아멘으로 화답하며 소리쳐 기도했습니다. 특히 '신앙 인생의 절정'이란 제목의 말씀이 아직도 제 심령을 뜨겁게 달구고 있습니다. "내가 하나님을 대신하리이까"라고 형들에게 고백한 요셉의 절개가 제 눈시울을 젖게 했지요. "당신들은 나를 해하려 하였으나 하나님은 그것을 선으로 바꾸사"(창50:20)의 말씀에서, '많은 백성의 생명을 구원하게 하심'이라는 하나님의 진정한 뜻을 새롭게 발견했습니다. 성령님! 저도 본 교회의 김목사님, 그리고 강사이신 손목사님의 삶을 본받아, 고귀한 삶을 살아드리는 자로 살고 싶습니다. (2018.1.4.목)

(092) 너의 행사를 여호와께 맡기라

너의 행사를 여호와께 맡기라 그리하면 네가 경영하는 것이 이루어지리라(잠16:3)

"주가 맡긴 모든 역사 힘을 다 해 마치고, 밝고 밝은 그 아침을 맞을 때, 요단강을 건너가서 주의 손을 붙잡고, 기쁨으로 주의 얼굴 뵈오리. 나의 주를 나의 주를, 내가 그의 곁에 서서 뵈오며, 나의 주를 나의 주를, 손의 못자국을 보아 알겠네"(새찬송가 240장)

성령님, 감사합니다. 이렇게 찬송가를 부르면 마음의 문이 열리네요. 머지 않아 주님의 손을 붙잡을 생각과, 사랑하는 당신의 얼굴을 뵈올 생각에 잠기니, 신년 초부터 제 가슴이 설레입니다. 제 영혼이 좋아서 춤추려 합니다. 그러므로 이 땅에 사는 동안 제가 할 일은 모든 행사를 여호와 하나님께 맡기는 일이라고 고백합니다. "그리고 맡은 자들에게 구할 것은 충성이니라"(고전4:2)의 말씀처럼, 제가 주 성령님께 구할 것은 오직 충성 뿐인 줄로 믿습니다. 성령님, 저는 요즘 새롭게 신선한 공기에 대한 고마움에 감사하고 있습니다. 겨울이라는 이유로 늘 열어 두었던 작은 창문까지도 닫아 놓는 경우가 많아졌네요. 그런데 문제가 생겼답니다. 각 방문의 창틀이나 밀착된 가구 윗 벽지마다, 곰팡이가 생기는 현상을 목격하게 되었습니다. 특히 외부의 미세먼지를 조심해야 하는 상황에, '나는 자연인이다'의 TV 프로를 떠올리게 되더군요. 성령님, 당신을 믿고 의지하며 맡겨 경영하는 삶이, 곧 영적인 피톤치드를 내 뿜는 무궁해 산천에서의 일상이라 여겨 감사드립니다. 제 모든 행사를 주께 맡깁니다. (2018.1.9.화)

(093) 네 영혼이 잘 됨 같이

사랑하는 자여 네 영혼이 잘 됨 같이 네가 범사에 잘 되고 강건하기를 내가 간구하노라 (요삼1:2)

성령님께 문안 인사 드립니다. 저의 생각이나 의지가 아닌, 오로지 주 성령님께만 간절히 기도하기를 결단해 봅니다. 신년의 새해부터 새롭게 단장된 '금요치유집회'가 얼마나 더 은혜로운지요. 대 성전에서 각 교구별로 앉아 드려지는 기도회가 너무 좋았습니다. 성령 충만함의 첫 사랑을 회복하기 위해, 예전의 집사 직분의 때 보다도 못한 안일주의에 빠져선 안 된다고 다짐해 봅니다. 성령님! 제 기도 자세가 조금은 달라지지 않았는지요. 갈멜산에서 애절하게 부르짖어 기도하여 응답받은 엘리야 선지자를 떠올렸습니다. 얼굴을 무릎 사이에 묻고 기도하지는 못하더라도, 다만 몇분이라도 무릎 꿇고 손 들며 기도하는 습관이라도 생활화 해야겠다고 말이에요. 지난 금요일 밤 까지 두번 실천에 옮기고 보니, 이제는 자신감이 생겼습니다. 영혼이 잘 되면 범사가 강건해짐을 제가 믿고 감사드립니다. 성령님, 갈라디아서의 말씀이 생각나네요. "이제는 내가 사는 것이 아니요 오직 내 안에 그리스도께서 사시는 것이라"(갈2:20) 아멘! 제 안에 사시는 그리스도의 영이시여! 성령님이시여! 제 영혼이 잘 됨 같이, 제 육체도 강건해 짐을 확신합니다.(2018.1.17.수)

(094) 주 힘의 능력으로 강건하여지고

끝으로 너희가 주 안에서와 그 힘의 능력으로 강건하여지고 (엡6:10)

성령님, 저는 정말 놀라지 않을 수가 없었습니다. '생명을 살리는 교사'라는 주제의 설교 말씀에, 신선한 충격이라 할까요. "마귀의 간계를 능히 대적하기 위하여 하나님의 전신갑주를 입으라"(엡6:11)는 말씀에서도, 큰 도전을 받았습니다. 20대의 청년기부터 아동부 교사로 60대 이전까지 섬겨 왔지만, 무늬만 있는 교사라 여겨져 부끄럽기가 한량없네요. 성령님, 이제라도 저는 정신을 차릴 생각입니다. 일산에서 목회하시는 박목사님의 생기 넘치는 말씀에, 교사들과 성도들 모두가 저처럼 큰 은혜의 시간이 되었으리라 믿습니다. 저는 아직도 두 딸들의 영적인 교사가 아닐는지요. 비록 장성한 자녀라 하지만, 기도해 주는 일과 신앙의 모범을 보이는 어머니가 되는 급선무의 사명까지 절감한답니다. 인간은 믿음의 대상이 아닌 사랑의 관계라는 것. 믿음의 대상은 오직 여호와 하나님 뿐임을 고백합니다. 또한 모두가 선호하는 물질은 이용의 대상이라는 것을 명심해야 되겠지요. 사람만이 사랑의 대상이기에, 거래가 아닌 무조건 베푸는 아가페적인 사랑이 주님의 사랑이라 여겨 감사드립니다. 찬정 마커의 우축으로 죄악이 난무하는 이 시대에, 세상과 자신을 이기는 하나님의 사람이 되는 일에 힘쓰는 제가 되려합니다. (2018. 1. 29. 월)

(095) 그리스도의 몸

너희는 그리스도의 몸이요 지체의 각 부분이라 (고전 12:27)

보혜사 성령님께 아침 인사 올립니다. 벌써 겨울의 끝달인 2월이 되었네요. 멈춤도 없이 째깍대는 벽 시계의 초침 소리가 제 귀에는 무척이나 빠르게 들려오네요. 마음의 안정을 찾기위해 핸드폰에 저장된 음악에 심취해 보려 합니다. TV 방송에서 '남성 4중창단 결성 프로젝트'로 처음 구성된 '팬텀싱어!' 정말 멋지고 아름다운 생방송의 결과는, 예상과 다른 좋은 반응이었습니다. 제 심리로는 남성 네 명이 부르는 하모니의 조화로운 목소리가, 마치도 주님이 계시는 저 천상에서 들려오는 메아리 같았습니다. 행복한 감미로움의 극치였어요.

성령님! 저는 이 음악을 감상하면서 당신의 말씀이 불현듯 떠올랐습니다. 네 명의 남성들이 자신만의 목소리를 드러내기 보다 상대방의 소리를 동시에 들어가며, 한 명이 부르는 듯한 화합과 조화를 창출해 내는 노련함에 놀라지 않을 수가 없었습니다. 우리는 그리스도의 몸이며 지체의 각 부분이란 말씀이 생각나네요. 또한 한 지체가 고통이나 영광을 받으면 모든 지체도 고통 당하고 함께 즐거워 하는 영광을 받는(고전12:26)다는 사실에, 아멘으로 화답하지 않을 수 없었습니다. 성령님, 그리스도의 몸된 저도 지체의 한 소중한 생명이기에, 오직 성령님의 내주하심 속에서 제게 주신 은사의 탤런트에 최선을 다 할 것입니다. 걸림돌이 아닌 디딤돌이 되려 합니다. 언제나 제 안에 계신 주님께 영광돌립니다.(2017. 2. 2 목)

(096) 해 아래에서의 수고

해 아래에서 수고하는 모든 수고가 사람에게 무엇이 유익한가 (전1:3)

"이미 있던 것이 후에 다시 있겠고 이미 한 일을 후에 다시 할지라 해 아래에는 새 것이 없나니 (전1:9)"

성령님! 당신의 말씀이 맞습니다. 주님과 함께 하지 않는 해 아래에서의 수고는 그 누구에게도 유익이 없고, 새로운 것이 없음을 고백합니다. 오늘 따라 지난 설 명절을 맞은 금요기도회 때의 받은 말씀이 떠오르네요. 세상 사람들과 구별된 삶을 추구하는 우리 그리스도인들이, 꼭 인식해야 할 근본의 주제라고 저는 믿습니다. 진정한 영적 채움을 이루기 위해서는 먼저 깨달아

야할 교훈이 있다는 것이지요. 첫째, 해 아래의 삶은 허무라는 것, 둘째, 텅 빈 인생의 한계를 인정해야 한다는 것, 셋째, 영원한 분이신 하나님으로만 채울 수 있다는 것입니다. 성령님! 해 아래가 되는 이 땅에서의 삶이 영원한 것이 없기 때문에, 저는 영원하시며 영생복락의 착상이 되시는 당신만을 의지하고 또 의지하는 것입니다. 주님께서 주시는 사랑의 속성이 결여된 이 땅의 모든 명예와 권력들은 끝내 지속되지 못하고, 풀잎처럼 시들어 마감할 때가 온다는 이치를 깨닫고, 또 깨달아 가는 요즘입니다. 허무가 없는 삶의 종착역은 어디일까요. 바로 성령 하나님, 당신이십니다. 완전한 충족과 평안의 안식처가 내주하시는 성령님의 품이십니다. (2017. 2. 7. 화)

(097) 하나님의 나라

 하나님의 나라는 먹는 것과 마시는 것이 아니요 오직 성령 안에 있는 의와 평강과 희락이라 (롬 14:17)

 신실하신 성령님께 다가서면, 설레임이 파도처럼 일렁이는 것을 제가 부인할 수가 없습니다. 오늘 오전에는 저희 목장의 목원들과 함께 하는 좋은 시간을 가졌습니다. 친교로 나누는 말씀과 찬송, 중보기도와 각자의 진솔한 간증의 은혜는, 세상의 그 어떤 것과도 비교할 수 없는 값진 순간들이었다고 해도 과언이 아니리라 믿습니다. 영혼의 양식 이후에 가진 풍성한 음식 나눔의 시간은, 기쁜 만족의 공유 그 자체였답니다. 마치 초대 교회의 성도들이 교제하는 전인적인 치유의 경험이, 목장 모임 안에서도 종종 엿볼수 있다는 사실을 제 자신이 손수 깨달았습니다.

성령님! 참으로 하나님의 나라는 성령 안에 있는 의와 평강과 희락이라는 말씀에, 전적인 아멘으로 화답을 드립니다. 갑자기 어젯저녁 삼일 예배 때의 김 선교사님 부부가 전한 선교 보고의 말씀이 생각나네요. 이름도 없이 빛도 없이 오직 주님의 안아주는 사랑으로, 동북아 선교에 헌신하시는 그 맘을 보시는 주께서, 최상의 상급으로 갚아주시길 간절히 기도드립니다. 저를 비롯한 우리 그리스도인들의 삶을 생각해봅니다. 이 땅에서 살지만 하나님 나라처럼 살아가야 할 우리가 되어야 하겠지요. 성령님, 전설된 주님의 사랑을 지니고 나아가 두 팔 벌리면, 원수도 없게 되며 오히려 상대편에게 미안한 맘만 들게 되겠지요. 저는 이제 이웃을 섬기고 당신을 섬겨 기쁨의 칭찬(롬14:18)을 받는 자로 살려합니다. (2017·2.16.목)

(098) 선한 길로 가라

여호와께서 이와 같이 말씀하시되 너희는 길에 서서 보며 옛적 길 곧 선한 길이 어디인지 알아보고 그리로 가라 너희 심령이 평강을 얻으리라…(렘6:16상)

주 성령님께 간절히 구하여 기도드립니다. 많은 사람들이 넓은 길로 평탄하게 다닌다 해도, 저는 주께서 인도하시는 길로 가기를 소원합니다. 성령님, 우리 마음 안에는 하나님의 임재에서 멀어지게 하는 곁길과 뒷길이 얼마나 많이 도사리고 있는지요. 주님! 저를 위해 구별해 놓으신 그 깨끗한 길로 머물기를 갈망합니다. 당신의 생각은 우리 인간의 생각과 다르며, 당신의 길은 우리의 길과 다르다(사 55:8)는 진리의 말씀을 믿습니다. 이 순간도 우리 심령 가운데 살아역사하시는 주 성령님이 되심을 제가 믿고 의지합니다.

말세 지말의 때를 맞는 지금의 시국을 진단해 볼 때, 세계 정세나 우리 나라의 정세, 아니 저의 가족과 제 내면의 심령에서조차 크고 작은 유혹, 매스컴에 오염된 분노의 폭발, 우울게 만드는 병고의 시달림까지 가세하여 흔들리고 있습니다. 소망이 사라져 가는 낙엽의 몰찰과 뒷길로 미끄러져 가오니, 우리를 불쌍히 여기소서. 성령님! 절박합니다. 제 자신과 자녀들이 먼저 영적으로 깨어 말씀과 기도로 무장하게 하옵소서. 우는 사자처럼 덤비고 유혹하는 악한 미혹의 덫에서 헤쳐 나오기를 간구합니다. 이 민족에 만연된 불의로 물든 공의와 정의가, 다시 새롭게 회복받게 되기를 갈망합니다. 그리하여 주님 선한 길의 주인공으로 살게 하소서. (2017. 2. 24. 금)

(099) 우리는 무익한 종이라

이와같이 너희도 명령 받은 것을 다 행한 후에 이르기를 우리는 무익한 종이라 우리가 하여야 할 일을 한것 뿐이라 할지라(눅17:10)

참으로 좋으신 우리의 하나님, 주 성령님이시여! 제가 당신께 감히 부족한 입술로 어떻게 감사의 표현을 드려야 할는지요. 불효막심한 죄인 중의 괴수라 해도 과언은 아닐 텐데 말이에요. 그럼에도 불구하고 일마다 때마다 먹여 주시네요. 입혀 주시고 재워 주시네요. 저를 눈동자처럼 아껴 무조건 사랑해 주시니, 저는 감격할 따름입니다. "믿음의 주요 온전케 하시는 이인 예수를 바라보자"(히 12:2)의 말씀이 떠오르네요. 이제 저는 주님의 온전하심만 바라보려 합니다.

성령님, 벌써 한 겨울의 끝자락인 2월의 날들이 바쁘게 지나가려 하나 봅니다. 며칠 안 남은 우리 나라의 동계 올림픽이 큰 기대가 됩니다. 그리고 고유의 설 명절도 곧 다가오겠지요. 성령님, 가장 머무르고 싶은 아쉬움이 무엇인지 아시겠는지요. 아, 눈치 채셨군요. 맞습니다. 그래서 그런지 성령님과의 따스하고 오붓한 대화의 시간을, 이 달로 마무리 한다는 사실이 믿어지지 않습니다. 하지만 당신과의 약속이니, 기쁨으로 순종하리이다. 아직도 남은 성령님과의 글을 통한 속삭임을 기대하며 기다릴게요. 참, 성령님! 지난 주말부터 두 딸들과 함께한 마카오 여행과, 그곳에서의 한인교회 주일 예배가 아름다운 추억으로 남네요. "우리는 무익한 종이라"의 말씀이 내내 제 심령에 남아 있습니다. (2018.2.6.화)

(100) 주께서 높은 보좌에

서로 불러 이르되 거룩하다 거룩하다 거룩하다 만군의 여호와여 그의 영광이 온 땅에 충만하도다 하더라 (사6:3)

"주께서 높은 보좌에 앉으셨는데, 그 옷자락은 성전에 가득하도다. 천사들이 모여서 서로 창화하여 외치니, 그 소리는 성전에 가득하도다. 거룩 거룩하다 만군의 여호와, 그 영광이 온 땅에 충만하시도다"(복음성가:주께서 높은 보좌에)

신실하신 만군의 여호와 성령 하나님이시여! 이사야 선지자의 진실된 고백이 저의 고백이 되기를 소원합니다. "…그 때에 내가 이르되 내가 여기 있나이다 나를 보내소서 하였더니"(사6:8)의 말씀이,

제 남은 인생의 열매로 맺혀지길 간구합니다.
성령님, 요즘 제 영혼을 깨우는 복음성가가
왜 이리도 눈물 나게 은혜로운지요. 언젠가 주께
서 저를 불러 천성에 이르렀을 때, 높은 보좌
에 앉으신 여호와 만군의 주 하나님을 상상합니다.
성령님, 오늘 밤의 예배는 특히 '재의 수요일' 예
배로서, 사순절이 시작되는 첫날입니다. 예수 그리
스도의 십자가 사랑이 보혈의 은혜로 흐르는 밤이네요.
무엇보다도 설 명절 기념 찬양 콘서트의 찬양과
간증의 시간은 거룩한 흔적을 남겼습니다. '시와 그림'
으로 활약하시는 김목사님의 보혈 찬양이, 제 심령
을 두드려 회개케 했으니까요. 임재. 주의 피. 항해자
등등의 복음성가를 따라 부르며, 이 순간도 보좌에 앉
아 우리를 바라보실 성령 하나님을 찬양합니다. (2018. 2. 14. 수)

(10) 내가 속히 오리니

내가 속히 오리니 네가 가진 것을 굳게 잡아 아무도 네 면류관을 빼앗지 못하게 하라 (계 3:11)

어느듯 겨울도 가고 새 봄이 오는 길목에서, 저의 오매불망 영원한 사랑은 누구일까요. 맞습니다. 성령님, 당신입니다. 이제 10편의 서신 대화로 성령님과의 교제가 마쳐지네요. 아쉬움이 많지만 다른 교통의 방법으로 얼마든지 성령님과 함께 할수 있어 감사밖엔 없답니다. 아마도 저의 일생 일대에 저의 부족한 친필로, 어눌한 그림으로, 제 7권째의 책을 발간한다는 사실이 놀랍고 경이롭습니다.

성령님, 며칠 전 우리나라 평창에서 열렸던 동계 올림픽 경기를 잊을 수가 없습니다. 희노애락의 순간을 맞는 선수들의 모습속에서, 금메달이나 은메달, 동메달 보다 더 소중한 최선의 열정에 박수를 보냈습니다. 또한 남북이 하나가 되고, 온 세계의 나라와 민족이 평화롭게 화합하는 올림픽 정신에 크게 감동했습니다. 성령님, 영적인 의미에서 볼때, 우리 신앙인들의 삶도 다르지 않다고 믿습니다. 우리의 목적지요 목표가 되시는 주님을 향해 달음질 하는 믿음의 경기자가 아닙니까. 성령님, 속히 오신다 하셨으니, 아무도 제가 받을 영광의 면류관을 빼앗지 못하도록, 앞만을 향해 질주하겠습니다. "귀 있는 자는 성령이 교회들에게 하시는 말씀을 들을지어다"(계3:22) 아멘! 마라나타! (2018.2.28.수)

영생하도록 솟아나는
샘물이 되리라

초판 인쇄일 2018년 5월 8일
초판 발행일 2018년 5월 12일

지은이 | 김명환
펴낸곳 | 코람데오
등 록 | 제300-2009-169호
주 소 | 서울 종로구 세종대로 23길 54, 1006호
전 화 | 02) 2264-3650
팩 스 | 02) 2264-3652
이메일 | soho3@chol.com

ISBN | 978-89-97456-56-7 03230
값 10,000 원

* 잘못된 책은 바꾸어 드립니다.